別讓人一眼看穿你

讀心與藏心的攻防智慧

前　言

做個有「城府」的人

　　本書是一本教人「藏心」的教科書，旨在教會大家如何隱藏自己的思維、情緒、弱點……。

　　我們之所以要「藏心」，不是因為我們不夠坦蕩，而是因為這世界有時候需要我們「隱匿」起來，伺機而動。你若想成就大事，就必須先學會藏心，就像《三國演義》裡的劉備一樣「喜怒不形於色」。

　　可是，在現實生活中，有太多人並不能很好的「隱藏」自己，他們的心思會被他人輕易看穿，意圖有時也經常被人識破。這些不會「藏心」的人，總是太容易把自己暴露在別人的眼裡，造成敵暗我明的形勢，因而更容易被別人牽著鼻子走，將自己陷於不利的境地。

　　而另外一些人，則善於察言觀色，經常能根據別人的一個小動作就洞悉他人的內心。這些人總是對他人的內心世界瞭若指掌，因而能夠處處占盡先機。

　　其實，能夠看穿你的內心，並不是他們最可怕的地方，更恐怖的是，因為他們知道一個人的心機是如何被看穿的，所以他們更懂得隱藏自己的內心。如此一來，別人在他們面前便沒有祕密，也永遠無法知道他們接下來會有怎樣的反應。和這樣的人為敵，便如同自己赤裸裸地站在毫無掩護的荒原中，而你的對手則潛藏在無邊的黑暗裡，你還想有勝算？

毫無疑問，FBI 的探員們，就屬於能夠看穿別人內心的可怕角色。對於 FBI 探員來講，讀心就是他們的職業，而他們最可怕的地方在於藏心。他們打入敵人內部進行間諜工作的時候，他們面對試探和盤問的時候，藏心就成了他們能否完成任務的關鍵因素。

在大多數時候，我們需要像 FBI 探員一樣，隱藏自己的真實想法，讓自己成為一個有「城府」的人。若你也有類似的願望，那麼恭喜你，本書就是一本以 FBI 真實案例為藍本、對「藏心術」展開深入探討的「祕笈」。當你開始閱讀本書時，就已經踏上了「藏心」之路。

目　錄

STEP 1

抓漏

想藏心，先找出破綻

　　藏心術的關鍵，就在於隱藏那些暴露我們情緒和內心的種種破綻。所以，若想「藏心」，我們就需要找到自己的破綻，然後想辦法將這些破綻都隱藏起來。

　　生活中的各個動作、表情、言語，都可能充滿破綻，本章中，我們要將這些破綻一一找出來，然後再教大家一些掩飾的方法。

▎人體指揮中心 ── 大腦

首先，讓我們開始關於藏心的第一個話題：你的破綻在哪兒？

誰也無法直接地看到我們的內心，但是，我們的肢體語言、臉部表情等等因素，卻經常會出賣自己。

1999 年 12 月，FBI 截獲了一名被稱作「千年轟炸者」的恐怖分子。

事實上，FBI 事前並沒有獲得關於這名恐怖分子來到美國的任何消息。在入境例行檢查時，FBI 情報人員發現一位叫阿默德的人神色緊張且汗流不止。多年的辦案經驗告訴他：這個人內心充滿了恐懼，他一定有不可告人的祕密。所以探員勒令他下車接受進一步詢問。那一刻，阿默德下意識做出了逃跑的姿勢，但是很快被制伏。

後來，探員在他的車子裡搜出了爆炸品和定時裝置。在鐵一般的證據面前，阿默德承認了自己的犯罪行為。

流汗及緊張的神色，是身體在面對外界壓力時產生的條件反射。由於這種邊緣反應是最為真實的，所以探員才敢毫無顧慮地逮捕阿默德。這件事說明，一個人的心理狀態會反映在身體語言上。而無論是肢體語言還是臉部表情，都是由大腦控制的。所以，我們有必要先從「大腦的功能」這個角度去探討一下「如何藏心」這個話題。

在一般人眼中，大腦是一個整體。但事實上，我們的大腦

由三個不同的區域組合而成。1952 年，一個名叫保羅‧麥克林（Paul D. MacLean, 1913.5.1 - 2007.12.26）的科學先驅提出「三重腦理論」（Triune brain），人類大腦是由「爬蟲類腦」（腦幹）、「哺乳動物類腦」（邊緣系統）和「人類大腦」（新皮質）組成的三位一體。這三個不同的大腦區域各有著不同的職責，它們合起來就形成了「命令加控制中樞」，後者駕馭著我們身體的一切。

其中，「哺乳動物類腦」，也就是我們所說的邊緣系統，是人的「情感中心」，還控制著我們的行為動作（不包括語言）。更重要的是，「哺乳動物類腦」對我們周圍世界的反應是條件式、不加考慮的。它對來自環境中的資訊所作出的反應也是最直接、最真實的。也就是說，那些在我們不經意的條件下，所做出的肢體和臉部表情，主要由這個邊緣系統控制。在前面案例中，恐怖分子出現的流汗、下意識的逃跑等生理反應，就是由這個邊緣系統所操控。因此可以這麼說，「哺乳動物類腦」是一個「誠實」的大腦。

「哺乳動物類腦」不僅「誠實」，更是一個標準的「工作狂」。它從不休息，只要人還活著，它就一直處於「開機」狀態。

與誠實的「哺乳動物類腦」相比，大腦的第三部分「人類大腦」，也就是新皮質，則顯得狡詐多了。這個大腦負責高等認知和記憶，具有思考的能力。許多科學家也說：這個人類大腦也是最善於說謊和欺騙的。總之，人類文明的一切，都是由這個大腦所創造，當然，也包括謊言和欺騙。

由此可見，一味的誠實、不加掩飾，是一種「動物性」的體現，因為只有動物才永遠坦白自己的內心毫不掩飾。而在人性的智慧中，謊言和欺騙一直存在！之所以這麼說，不是因為要讚頌謊言，我們只是想陳述一個事實 —— 說謊是需要智慧的。而說

謊本身其實就是隱藏自己內心的手段之一，雖然我們並不準備將這種手段歸納到這本書中，但是我們要知道一件事：所謂藏心，就是盡量拋棄自己條件反射式的「動物性」，轉而去開發人的智慧思維。

也許有人會說，既然人的行為是由大腦控制的，而大腦結構又是天生的，所以我天生就心直口快，永遠別想學會隱藏自己的內心了。這種說法是錯誤的！科學家發現，那些善於隱藏自己的人，大腦前額皮層擁有更豐富的白質。白質是一種白色的神經組織，當一個人在運用理智隱藏自己內心想法的時候，這些組織非常活躍。

美國心理學家說：「那些善於隱藏自己的人，由於經常進行推敲和算計，所以他們的腦結構發生了變化，與常人不同。」由此可見，我們確實可以透過訓練來加強自己的「藏心」能力。

▌刺激下的身體反應

不管怎麼說，大腦的反應都不會被其他人看見，真正出賣我們的是在大腦刺激下的身體反應。所以本篇我們將著重談談在我們想掩飾自己內心的時候，身體會有什麼具體的反應。

當我們產生掩飾心理時，我們的表情會在身體的刺激之下，發生一系列的變化。比如：臉紅，或是臉色蒼白慘澹，這都是不善掩飾的人在試圖騙過別人時所產生的生理反應。

一個人若是處在試圖掩飾自己真實感情的狀態中，那麼他所表現出來的情感必然是虛假的。有很多人能將這種虛假的情感表現得惟妙惟肖，可是對於大部分人來講，無法將虛假的感情表現得更真實一些。這是因為，他們往往過於注重肢體語言的「表演」，忽視了臉部表情的「刻畫」。

FBI 審訊室裡帶進來三個嫌犯。

三個人都顯得非常不安，這時，FBI 探員嚴肅地說：「害怕了嗎？看著我。」

三個人都抬起了頭。

「你們三人中，只有一個是真正的罪犯。現在，我們已經掌握了足夠的證據來找出這個人，因為犯罪現場留下了犯人的血液。根據血液分析，我們得知犯人患有嚴重的傳染病。如果不想耽誤自己的病情，請自己馬上站出來。」

其實，這三人並非都是嫌犯，坐在中間的那個是 FBI 的臥底。臥底的手上還故意留了一些血跡，當他的同事說完那番話之後，他故意讓其他兩人看見了自己手上的血跡。

果然，在看到這些血跡之後，其他兩名嫌犯都做出了躲避的動作。有一個人眼中流露出了恐懼的神色。另外一人雖然同樣在躲閃，但是第一時間的臉部表情卻顯得鎮靜得多，隨後，他才極力裝出害怕的樣子，且吃驚的表情在他的臉上停留了很長時間。

　　結果，FBI 將第二名嫌犯帶走單獨審問。果不其然，他就是犯人。

　　FBI 之所以能夠確定第二名嫌犯是真正的兇手，就是因為他的表情出賣了他。如果他不是真凶，那麼當得知自己身邊坐的是個傳染病患時，一定會感到驚恐。可是真正的兇手卻不會感到恐懼，因為他知道 —— 那個有傳染病的人正是自己。

　　當他意識到這是一個圈套，又極力想要表現出恐懼的樣子時，他這樣做簡直是弄巧成拙，因為真正吃驚的表情是轉瞬即逝的，任何超過一秒鐘的驚訝表情，都可以被視作是偽裝！所以，FBI 探員可以確定他心裡有鬼！

　　這個案例告訴我們一件事情，那些想要掩飾自己的人，往往不能在第一時間做出「正確」的表情。而那些真正的偽裝高手，則往往能夠做到隨心所欲地控制自己的臉部表情。至於他們為什麼會有這種能力，我們將在以後的篇章中詳細說明，並且教會大家如何成為一個生活中的「影帝」。

　　再者，讓我們回想一下自己是不是會有些習慣性的動作？比如抖腳、摸鼻子等等。如果你認為這僅僅是習慣性的動作，那就大錯特錯。因為這種看似漫不經心的小動作，也是大腦刺激的結果，即在刺激下的第二種身體反應 —— 肢體動作。

　　那麼，在希望掩飾自己的時候，大腦會給身體什麼刺激呢？美國芝加哥嗅覺與味覺治療暨研究基金會的科學家發現，當一個

人想掩飾自己的情緒或是某種真相的時候，一種名為兒茶酚胺的化學物質就會被釋放出來，引起鼻腔內部的細胞腫脹，同時，血壓會上升。血壓增強導致鼻子膨脹，從而引發鼻腔的神經末梢傳送出刺癢的感覺，於是人們就會頻繁地用手摩擦鼻子以舒緩發癢的症狀。

美國總統比爾・柯林頓曾陷入了「陸文斯基性醜聞事件」。當向陪審團陳述證詞時，參與調查的 FBI 探員就發現，柯林頓觸摸鼻子的總數達到二十六次之多，而這正是說謊的表現。結果證明，柯林頓確實說謊了。

這就是說，你的每一個小動作，其實都不是「空穴來風」。在通常情況下，大腦不會指揮你的身體做一些無意義的事情。在你試圖掩飾自己的時候，大腦同樣刺激你的身體，讓你做出一些小動作。所以，你若想真正掩飾自己，就必須學會克制自己某些下意識的動作。

一般情況下，人在想掩飾自己的時候，還有以下幾種情況：

1. 假笑

人在掩飾自己的時候，往往會假笑。在金庸小說《鹿鼎記》中，主人公韋小寶就深諳此道。在遇到危險不知如何應對時，往往會先哈哈大笑一番，讓人搞不清楚他為何發笑，從而被他唬弄過去。若碰到一個真正的行家，恐怕韋小寶這一招就靠不住了。

事實上，大部分人在掩飾自己的時候，都會像韋小寶一樣，有假笑的傾向，雖然並不像韋小寶那麼誇張，但即便是一閃而過的一個假笑，也會成為破綻。

2. 語言異常

由於擔心自己的掩飾心理被人看穿，所以大部分想要掩飾自己的人，常常會轉移話題。有的人還會突然提高音調，或加快說話速度。

3. 口乾

想要掩飾自己的人，常常會不停吞口水及舔嘴唇。

這三種反應，都是大腦刺激身體的結果。在本篇，我們講述想掩飾自己情緒時，大腦刺激身體所做出的反應，目的就是想讓大家明白，你如果想真正藏心，僅僅靠邏輯嚴密、合情合理的話語，是遠遠不夠的，你還需要注意自己的表情和動作。只有這樣，才能算是真正的藏心高手。至於在具體實踐中如何做到這一點，希望大家能耐心地讀下去，我們會告訴你最後的解答。

▌常見的肢體破綻

擔任美國 FBI 探員長達三十年的喬‧納瓦羅（Joe Navarro, 1953 -）在 2006 年出版了一本暢銷書《FBI 教你牌桌讀心術：從行為細節看穿對手的真假虛實》（*Phil Hellmuth Presents Read 'em And Reap: A Career FBI Agent's Guide to Decoding Poker Tells*, 2006）。這本書可不僅僅是一本「賭博指南」，更是一本「識人」的寶典。這本書介紹了許多人在掩飾自己時產生的破綻，受到了讀者的追捧。正因為有人在試圖學習「閱人術」，而希望掩飾自己的我們，才有必要學習「藏心」。

喬‧納瓦羅在書中提到：當人在緊張或是有壓力時，會有一些情不自禁的小動作；還有，深呼吸或是話突然變多，或是把手放在大腿上往返摩擦，都是因為感到緊張，所以才會透過這些動作試圖平緩自己的情感。

喬‧納瓦羅認為，FBI 探員大都是從肢體語言上看出對方個性，這也是他們的一種祕密武器。

由此可見，普通人在掩飾自己的時候，往往會出現破綻。這其實是個很有意思的話題，我們如果深入探討，會獲得許多原來沒有注意過的「小知識」。現在，我們有系統地介紹一些常見的肢體破綻：

1. 真正吃驚的表情只會在臉上停留不到一秒鐘

如果一個人顯得格外吃驚，表現在臉上定格超過一秒鐘，那麼就可以斷定這個人是假裝的。反過來，我們從藏心的角度去看的話，就可以得出這樣的結論：如果你試圖用一種情緒去掩飾另一個情緒，那麼你切忌，不要把你虛假的情緒保持得太久，那樣

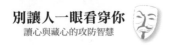
反而會讓人識破你的內心。

2. 手放在眉骨附近，意味著此人內心非常羞愧

所以，當我們因某事心生愧意，但是又不想被別人發覺時，請克制住自己伸向眉骨的手。

3. 談話時眼球向左下方看去，是大腦正在回憶的表現

如果想要讓自己的敘述顯得真實，不妨做出這個動作。

4. 明知故問時，眉毛會微微上揚

我們用一個虛擬的場景來闡述如何掩飾這種破綻：你的朋友新買了一個昂貴的戒指，你也許知道這個戒指的價格，但是為了配合朋友希望炫耀的心情，你還是會明知故問：「這個戒指看起來真不錯，多少錢？」在這個時候，你千萬要控制住你的眉毛，否則朋友會識破你的明知故問。

我們講的這個例子也許是生活中的一件小事情，即使被識破了也無關緊要。但是在 FBI 辦案的過程中，確實存在沒控制住眉毛而釀成大禍的案例。

1996 年，FBI 探員詹姆斯奉命去調查一件爆炸案。當時他前往犯罪嫌疑人的住處，試圖搞清楚他的家人是否知情爆炸案的內幕。

當他敲開門，向犯罪嫌疑人的家屬出示證件之後，家屬問道：「FBI 探員來找我們幹嘛？我們可都是合法公民。」

詹姆斯發現，家屬在說這番話的時候，眉毛微微上揚了一下。他立刻判斷出：這家人知道我的來意，所以他們也一定知道自己的兒子到底幹了什麼。

因此，他決定以家屬為突破點，向他們詢問犯罪嫌疑人的下落。果然，在探員的百般說服下，家屬最終供出了犯罪嫌疑人的藏身之地。

在這個案例中，FBI 探員根據對方的眉毛找到了事情的真相，當然值得慶賀。但是對於我們想要隱藏自己，並不是因為有什麼不可告人的勾當，有時候只不過是人際交往中一種善意的掩飾，所以我們還是應該學會控制自己的表達。

5. 習慣性動作中的破綻

當你與朋友一起談天說地的時候，你也許會做出一些習慣性的小動作。現在告訴你，這些習慣性的小動作已暴露了你心中的情緒。

首先，有人可能喜歡手捂著嘴巴或是鼻子，這表明你是一個很有主見的人。在說話時，你手捂著嘴，暗示你對對方的說法不是很認可，但是又不好意思表達出來。所以，在和別人說話的時候，你最好不要把手放到嘴上，那樣很可能讓對方看出：這個人心中存在著相反的意見。

有些人在人際交往中喜歡不停地撫摸下巴或托著下巴，這表明他是一個很喜歡思考的人。這種人還有另外一個特點：喜歡算計別人，經常鑽牛角尖。所以，這個動作同樣會暴露一些對你不利的東西，應該加以克制。

還有一種人喜歡在跟人說話的時候玩弄頭髮。這種人顯得比較溫和，一副柔弱的模樣，但其實他的內心深處剛強，有自己不易動搖的原則。所以你如果不想讓別人看穿你的原則，就不要輕易撫摸自己的頭髮。

那些與他人說話喜歡東張西望的人，則是明顯的不耐煩表

現。而且，這也說明你是一個比較懶散的人，做什麼事都提不起勁。因此，在面試的時候，不管什麼原因，你千萬不能表現出這種狀態，畢竟沒有一個公司喜歡懶散的人。

6. 總在你不注意時偷看你一眼

有些人喜歡在別人不注意的時候偷偷看人家一眼，這是性慾過剩的表現。

以上，都是人際交往時經常會出現的一些肢體破綻。善於藏心的你，一定要注意不能讓自己的破綻被他人識破！

▌話語中的破綻

　　FBI 探員在審問的時候，會用一個小小的伎倆：他們先問一個人問題，然後等他們回答。然後問第二次，這時那個要掩飾自己的人，肯定還牢牢記得自己當初所說的虛假答案。當第二次問話之後，他們不會在短時間內再次詢問相同的問題。在這期間，嫌疑人的身體會平靜下來，他們會想：「我已經蒙混過關了。」

　　由於人在掩飾自己的時候，所說的話並沒有多少事實基礎，所以在放鬆下來之後，很快就會忘記。因此第三次提問時，嫌疑人往往會驚慌失措，不能將之前編造的那個謊言再原原本本地複述。

　　雖然絕大部分人都不會被審問，但是在生活中，我們似乎都遇到過這樣的事情：當初為了掩飾自己而說出的某些話，隔幾天之後，當人們再細問起來，自己第二次的回答卻和之前的話相差甚遠。這就會讓人懷疑你的人格，即便當初你說謊的目的是善意的。所以，我們若想藏心，第一件事情就是盡量不要忘記自己說過的每一句話。

　　有些話，除了字面意思之外，還有另一層深層的含義。話語的字面意思是我們所能控制的，而深層的含義，則要受到語氣、說話方式的影響，所以有時候會暴露出不同於我們所想表達的含義。

　　比如，我們也許經常說一句話：「讓我想一想。」在朋友請求我們幫忙的時候，也許僅僅是因為我們沒有絕對的把握，所以說「讓我想一想」。但是你是否知道，你的朋友會因為這句話認為你是在拒絕他。

在生活中，每個人都可能遇到這樣的人——他們所說的話，不論對不對，常常無端引起別人的反感。這些人就是因為不善於掌握自己言語中的深層含義，所以才會讓人討厭。由此可見，同樣意思，用不同的話語表達，就會表現出不同的情感意味，人們往往能從你的話語中看到你內心的情緒。

所以，要想藏心，我們也該學會藏住自己話中那些不必要的深層含義。

1995 年，洛杉磯郊外發生了一起殺人案。由於久久找不到真凶，所以警方將破案工作交給了 FBI。

FBI 在接手案件後，先是查明清楚被害人的基本資料。死者為年輕女性，名叫珍妮，已婚，丈夫叫做詹寧斯。死者父母雙亡，有一個妹妹和一個哥哥。死者的哥哥住在休士頓，與妹妹關係惡劣，不經常來往。死者的妹妹住在紐約。

由於死者的社會關係非常單純，所以 FBI 決定從她的家人查起。

他們找到了死者的哥哥。由於這個男人和死者並不住在同個城市，所以 FBI 首先向這個男人傳達了他妹妹的死訊。FBI 探員對他說：「我們從紐約來，你的妹妹被殺害了……」

聽到自己的妹妹死於非命的消息之後，男人顯得非常激動，哭著說：「天啊，我都不敢相信，珍妮才二十九歲啊，是誰這麼狠心！」

在聽到男人的這句話之後，FBI 探員馬上意識到：這個人和他妹妹的死一定有關係！因為自己還沒有具體說出是他的哪個妹妹死了，他就知道是珍妮。

之後，FBI 開始把破案的重點放到了這個男人身上，不久，

就找到他殺害自己妹妹的證據。

以上的故事中，兇手一句不經意的話便暴露了自己的內心。由此可見，無論是語言的邏輯還是情感，都可能透漏出一些你不想透露的東西。所以，我們想修煉藏心，也要修煉好自己的語言。

當商鞅來到秦國的時候，秦孝公雄心勃勃地正想富強自己的國家，重塑祖先當年的輝煌。商鞅透過當時秦孝公的寵臣景監的介紹，拜見了秦孝公。

初次見面，商鞅就大談堯、舜、禹、湯，說古時先帝之德，說君王就要與民共苦、與民同樂，這樣才能用自己的實際行動感動臣民，才能讓自己的統治更加長久。秦孝公聽了一會兒就昏昏欲睡。這種紙上談兵的做法，讓秦孝公非常不滿意。

過了幾天，商鞅又來拜見秦孝公。這一次，商鞅把自己以前的想法全都進行了修正。不料又失敗了，秦孝公還是不滿意。這時，秦孝公就找來了景監：「你找來的這個商鞅，一而再再而三地求見，讓寡人很不滿意。如果再這樣下去，你就讓他從哪兒來回哪兒去吧！」

幾天後，商鞅又來拜見秦孝公。有了前兩次的交談，商鞅漸漸揣摩到秦孝公的心思，抓住了關鍵性的問題。這一次，商鞅和秦孝公談了春秋五霸用武力來強化國力的過程，並在談話過程中，時刻仔細觀察秦孝公的表情變化，從而確認秦孝公已經有採納他建議的意思了。即使是這樣，秦孝公還是因為前兩次的印象而表示不想重用他，只是對景監淡淡地說：「你這個客人不錯，我能和他談得來。」商鞅認為，如果他能再見一次秦孝公，就一

定能說服他，讓他採納自己的建議。

就這樣，商鞅再次拜見了秦孝公。這次的交談讓秦孝公聽得入迷，忍不住要把座位向前移動。而且一談就是幾天，秦孝公還覺得聽不夠。這讓景監非常奇怪，怎麼才過了幾天，秦孝公對商鞅的態度就有了這麼大的改變？景監耐不住好奇，就去問了商鞅。

商鞅說：「我向大王講述堯舜禹湯的為帝之道，秦王說這些太久遠了，他等不及了。於是，我就向國君講富國強兵之道，我觀察到秦王的言行舉止開始發生了變化。直到最後聽完非常高興，我的建議就被他採納了。」

後來，商鞅開始輔佐秦孝公實施變法，最後取得了成功。秦國從那以後開始強大，最終吞併了天下。

故事中的秦孝公，顯然不是藏心的高手，他的一舉一動，都暴露了他內心所想。因此，商鞅才能抓住他的弱點和破綻，「有的放矢」。當然，他被商鞅「針對」而重用了商鞅，對他自己來說是一件好事情。但是在現實生活中，被針對肯定會給你帶來一定的害處。所以，我們絕不能因為自己語言上的破綻而影響到自己藏心。

我們如果想要讓自己的言語沒有破綻，光在語言上下工夫還是不夠的，還需要注意自己說話的場合。比如，祝你「年年有今日，歲歲有今朝」，這本身是一句好話，但是如果你在對方倒楣的時候說出來，恐怕話裡的意思就完全變了。

除了環境之外，我們還要注意自己說話的地點。例如，你手下的員工做錯了事，你批評他可能有兩種完全不同的方式：一是把他叫到自己辦公室，語氣嚴厲地批評一頓，然後再鼓勵幾句；

二是在公司大會上或當著其他員工面前，表面語言溫和，其實暗含批評。這兩種話雖然表達的意思完全一樣，但是卻暴露了你心中的某些想法。所以，說話注意語境是藏心的必備法門。

　　總而言之，我們要想藏心，就需要注意自己的說話方式。這一點，需要我們在生活中慢慢體會。

▍情緒洩露的祕密

關於藏心的要點和難點，恐怕就是如何隱藏自己的情緒了。如果我們不想讓自己的某個想法被別人知道，那很簡單，我們忍住不說就行了。但是，如果我們想掩飾自己的情緒呢？事情恐怕就沒那麼簡單了。因為情緒有幾個特點：

1. 自發性

情緒像是一種衝動，不經過思考，瞬間發生。就好像我們身體裡已經準備好了各式各樣的情緒，在受到外界刺激的時候，相應的情緒就從我們體內釋放出來。

2. 不可控制性

對於大部分人來講，有時候情緒是不被理智所控制的。比如，在極度悲傷時，你雖然極力克制自己的眼淚，但是淚水卻可能「不爭氣」地奪眶而出。

在這一點上，人和人之間有極大的差別，有些人能夠在非常激動的時候也保持冷靜的外表，有些人則把情緒全部放到了臉上。雖然他們的內心活動同樣激烈，但明顯是第一種人更善於隱藏自己，本書就是想教會大家如何成為第一種人。

3. 無意識性

所謂無意識性，是說有些情緒不受意志的支配。比如，在某個很嚴肅的場合，你突然想到了一個非常好笑的笑話，這時你的喜悅之情會油然而生。雖然你意識到這個場合不適合放聲大笑，但是你最多也只能忍住笑聲，卻沒有辦法讓自己的情緒在瞬間歸於平淡。

　　由於情緒有以上三個特點，所以在通常情況下，情緒是很難被隱藏的。

　　情緒之所以難以克制，是因為它是人類在數億年的進化中，產生的一種「本能」。每一種情緒，都是人類追求生存空間時的一種「武器」。例如說：

❶感動是對那些可能使自己更為強壯的力量的強化。

❷悲傷是想喚起他人的憐憫與同情，從而獲得安慰與幫助。

❸痛苦是為了警告你去剔除那些不利於自己的因素，從而達到強化自己的目的。

❹憤怒是對憤怒的對象發動攻擊並保護自己利益的前兆。

❺恐懼則代表自衛，自我保護。

❻厭惡代表拒絕，避開那些不利自己的因素。

❼驚訝是透過靜止來減少被傷害的可能。

❽愉悅是接納那些令自我感到快樂的因素。

　　這些情緒代表著人不同的狀態。在人類最初的階段，一切行為幾乎都要受到情緒的影響。但是隨著人類文明的不斷推進，人的社會性越來越突出，這時，我們就不能再像原始人一樣，一切行為都被情緒所支配了。比如，有些時候，我們要學會克制自己的憤怒；而在某些場合，即便我們有厭惡心理，也不能輕易表達出來等等。

　　在現代社會中，那些被情緒左右行為的人，會被人們看作是「情緒化」的人，會被視作是不成熟，或是心理有問題。但是話又說回來，即便我們能不被情緒左右我們的行為，可是卻無法完全消除它帶給我們的一些影響，比如細微的肢體語言和臉部表情。這些「小動作」就是所謂的情緒表達，是人類在進化中所遺留下的一些固有的反應，很難澈底被掩飾。

但這並不意味著我們就完全無法克制自己情緒的表達。透過對現實生活的觀察，我們就可以發現，有很多人似乎完全擺脫了情緒的定律，能夠很好地隱藏自己的情緒。

六十六歲的美國男子威廉‧希萊爾，因為被控詐欺罪處以監禁。

一個人因詐欺罪被捕，本來是常見的新聞，不足為奇。但是由於這個人詐騙的對象太過不同尋常 —— 他騙的是 FBI，所以這個新聞引起了軒然大波。

希萊爾先是精心編造了一個曲折的故事：多年前，他的女兒在泰國曼谷旅遊時，被黑道集團綁架，從此淪為性奴。作為特種部隊的精英隊員，希萊爾知道女兒被劫持的消息後，立刻前去營救，但是最終失敗。希萊爾還加碼說：我的遭遇後來被拍成電影《即刻救援》（Taken, 2008），而我正是這部電影主人公的原型。

這樣一個英雄人物，自然受到了各方的追捧，很多機構都請他去作報告。這些機構中，就包括聯邦調查局。

FBI 探員一輩子都在與謊言打交道，但是這一次，他們卻沒有識破希萊爾的假話。在希萊爾講到女兒被恐怖分子虐待細節的時候，表現得非常悲痛，雖然這種悲痛是偽裝的，他的一切情緒都是偽裝的，但是 FBI 卻未能識破。

事實上，希萊爾並不是什麼特種士兵，他只是一個普通人。而 FBI，就被這樣一個善於偽裝情緒的人，給騙得團團轉。

希萊爾騙過 FBI 的這個案例，證明了一件事情 —— 人的情緒雖然很難被控制，但是有些人，或是透過某些方法，確實可以

隱藏自己的真實情感。

那些隱藏情緒的高手，他們並不是沒有情緒，而是不會讓自己的情緒輕易地表現出來。這些人如果能夠把自己的這種能力運用到正確的事情上面，往往會取得很好的效果。

例如，在公車上，一個人踩了你的腳，卻好像沒事一樣。這種事情不管誰發生，肯定都會產生不滿的情緒。但是具體表現出來，卻不一樣 —— 有些人是直接表達自己的不滿，大聲的叫嚷，斥責對方；而有些人則顯得和氣得多，暗示對方：你應該向我道歉。

從情緒的表達上來講，第一種人的表現，是情緒的「正常表達」 —— 在產生不滿情緒之後發怒；而第二種人則將自己的不滿情緒「隱藏」了起來，這種人就屬於那種藏心的高手。我們可以想像，這類人在生活中也更加討人喜歡。

本篇所有的內容，都只是想告訴大家關於情緒的一些基本原理。情緒是我們藏心的難點，也是重點，所以我們很有必要明白這一點。

▌ 自我克制，控制自己的慾望

藏心的關鍵就在於更高竿地掩飾自己的本能和情緒。或許，我們這樣的表述會讓大家認為：藏心的本質就是「賣弄玄虛」、「深藏不露」，事實上，我們所說的藏心，還包括另一個重要面──自我克制，即克制自己多餘的慾望，這是一種道德層面的提升。

我們在介紹到人的某些反應時，經常提到：這是一種本能的反應。似乎是說：這些反應是不可控制的。對於這個問題，我們常用「很難控制」這個詞，也就是說，人類的基本反應，是可以控制的，但不是每一個人都能好好控制。

那些善於自我控制的人，也更善於藏心。而那些不善於控制自己本能的人，則會更多地表現出非理性的一面，他們更容易被各種誘惑所牽引，做出一些超出常理的事情。

1982 年 8 月的一天，FBI 接手了一件殺人案。在這個案件中，一個號稱「綠河殺人魔」的罪犯，連續殺害了多名女性。

隨著調查的深入，FBI 逐漸掌握了兇手的一些情況。原來，這個人曾經被女性傷害過，當時他一怒之下，便殺死了那個傷害他的女人。但他還是無法控制自己的憤怒，所以他將自己的怒氣發洩到別的女人身上，接連殺害了多名女性。

就是因為不能控制自己，所以釀成了一樁樁悲劇。由此可見，作為一個人，必須要懂得自我控制，不能讓自己的負面情緒如雜草般滋長。

人都有慾望，可是人能夠控制自己的慾望，這是人與動物最大的區別。正因為我們有道德觀，所以我們才知道自我控制。《禮記》記載：有一個人非常饑餓，但是當人不客氣的吆喝他吃東西的時候，他卻拒絕了。這就是所謂的「廉者不受嗟來之食」。事實上，饑餓中的人，對食物有天生的渴望。但是故事中的這個人卻能夠控制住自己的本能慾望，正是由於他具有出於道德觀的自控能力。

控制自己的慾望，是藏心的重要一課。在生活中，當一個人看到萬貫財富、珍饈美食、絕世美女時，都會立刻產生占有慾。但是作為一個文明人，我們必須用理性控制自己，不讓自己的占有慾表現出來，更不能讓占有慾主使我們做出一些非理性的事情，因為那樣只會引火焚身。

我們之所以要控制自己的慾望，藏住自己的欲求，還有一個更重要的原因，那就是，慾望往往就是一個人最大的缺點，如果不懂克制慾望，經常會被敵人所利用。

據說，東南亞的當地土著，有一個捕捉猴子的方法十分有趣。他們將一些美味的水果放在箱子裡面，然後在箱子上面挖一個小洞，大小正好能夠讓猴子空手伸進去。

那些猴子通常經不住箱子中水果的誘惑，牠們很想抓住裡面的水果；可是手一旦抓住了水果就再也無法把手抽出來，唯一的辦法是把手裡的水果放下。但是，絕大多數的猴子寧願被捉，也不願意放下那些看似唾手可得的水果，所以當獵人來到的時候，根本就不需要花費什麼力氣，就可以輕易地將牠們捉住。

猴子不懂克制慾望，所以會陷入別人的陷阱。而我們人，雖

然聰明、理智，但是我們的慾望也常常會被人利用，因而遭到別
人的算計。

2001 年 2 月 21 日，美國聯邦調查局前局長路易士‧弗利
（Louis Freeh, 1950.1.6 - ）召開了緊急記者發布會，透露了 FBI
高級探員漢森（Robert Hanssen, 1944.4.18 - ）十五年來充當某
敵國間諜的驚人內幕。

這個漢森本是 FBI 探員，但是他卻被金錢所誘惑，為敵國服
務。由於這個人是個反間諜專家，所以 FBI 久久沒能找到他為敵
國服務的證據。

為了能「引蛇出洞」，FBI 決定利用漢森貪財的這個特點，
給他設下個「套」。首先，他們指派一名 FBI 探員冒充敵國間諜，
告訴漢森說：「我們需要一個重要的情報，如果你能得到這個情
報，我們將給你五百萬美元的報酬。」

作為一個資深的探員，漢森意識到：這可能是個陷阱。但是
在五百萬美元的誘惑下，他還是沒能控制住自己的慾望，所以鋌
而走險。結果，正好落入了 FBI 的圈套，現出原形。

在這個案例中，漢森就是因為沒能克制住自己的慾望，走上
了邪路，最終又因慾望而被「打回原形」。由此可見，慾望確實
是讓一個人暴露自己本性的重要因素。

我們若想成為一個藏心的高手，首先就要學會控制自己的慾
望。這不是說人不能有慾望，而是說要學會隱藏自己的欲求、克
制自己的「危險」慾念。我們不能把自己的慾望表現出來，更不
能被慾望所牽引，這是一個藏心的祕訣。一個人只有懂得克制自
己之後，才能做到真正的深不可測，變成一個沒有缺點的人。

STEP 2

釋放

不生氣，拋開憤怒情緒

　　哲學家說：生氣就是用別人的錯誤懲罰自己。仔細想想，這句話確實是真理！我們之所以會生氣，大部分是因為別人犯的錯誤影響了我們。

　　而生氣除了讓自己不愉快，又能改變什麼呢？這難道不是用別人的錯誤懲罰自己嗎？我們與其為別人的錯誤而生氣，還不如自己努力給自己爭口氣來得實在！

▍理解憤怒，找尋合適的發洩管道

好鬥不見得完全是一件壞事。一個好鬥的人，證明他心中有對成功的渴望，這是值得肯定的。所以，我們也不必為自己的好鬥而感到煩惱。只要你能理解鬥爭心理，為它提供恰當、合適的宣洩管道，就可以「藏住」自己的憤怒情緒。

在 FBI 的黑名單裡，綽號「I-5 高速公路殺手」的蘭迪‧沃德菲爾德（Randall Woodfield, 1950.12.26 - ）名列前茅。他被控犯有四項謀殺罪，FBI 相信，受害者至少有四十四人。

嫌犯落網之後，著名的 FBI 女幹員、談判專家柯比（Pat Kirby）被派去審問這個窮凶極惡的人。雙方面對面地坐在桌子兩邊，中間沒有任何阻擋。

當柯比毫無阻隔地與惡名昭彰的連環殺手面對面時，心中泛起一股難以言說的憤怒情緒。或許是因為沃德菲爾德見與自己交談的是名女警官，故意要嚇一嚇她，便將眼睛瞪得圓圓的。作為一個被人尊重的談判專家，柯比從來沒有被人如此的恐嚇過，那一刻，她的心中充滿了對眼前這個人的憤恨。但是她馬上就變得冷靜下來，因為這對於案情的進展沒有一點好處。

柯比心想：「我之所以會憤怒，是因為眼前這個人對我的挑釁，而他的挑釁也不過是最後的掙扎而已。從根本上來講，他其實是個可憐人，雖然罪不可赦，但是他也是命運的受害者。」

想到這裡，柯比的眼中流露出平靜的同情。她開始與嫌犯心平氣和地交談起來。果然，殺人如麻的嫌犯開始變得收斂。經過幾天的審訊，他終於交代了自己所有的罪行。

　　這個案例解釋了一個道理：「你不能透過創造新問題來解決舊問題。」有時候，你如果不會隱藏自己的憤怒情緒，就可能給自己製造新的麻煩。假如故事中的柯比沒有控制好自己的憤怒情緒，對嫌犯表現出自己的侵略性，就不會如此順利的完成任務。

　　所以，當你感到自己的憤怒已經無法控制的時候，不妨停下來捫心自問：「暴力或是刻薄的言語，對眼前的事情有幫助嗎？」此時，你就會發現自己的憤怒情緒其實毫無用處，這意味你已經向控制這種反應邁出了一大步。

　　客運上，懷特不慎踩了葛林的腳。這本是一樁無關緊要的小事情，但是葛林卻非常生氣，對懷特說：「你是沒長眼睛嗎？」

　　懷特這時如果能讓一步，事情也許就結束了，但是他當時也動氣了，就針鋒相對地說：「有，但沒看見。」

　　當時坐在葛林一旁的是她的妹妹潔西卡，見懷特沒有道歉的意思，便罵了懷特一句：「你眼睛瞎了嗎？」懷特見她罵自己，大動肝火，上去打了潔西卡一拳。於是雙方就扭打在一起了。

　　在爭鬥中，葛林吃了虧，因為「咽不下這口氣」，所以就打電話叫弟弟阿詹過來幫忙。懷特見對方來了幫手，怕吃虧，就躲到一家髮廊內。一群人等追到髮廊內與懷特發生了鬥毆。

　　在鬥毆的過程中，失去理智的懷特掏出隨身攜帶的蝴蝶刀亂捅一番，將阿詹、潔西卡捅傷。阿詹因為傷及胸部、腹部，倒地昏迷。葛林見發生了兇殺案，立即撥打 119 求救，把傷者急速送往醫院救治。經搶救，阿詹脫離了生命危險，潔西卡則為輕傷。

　　怒火會給人帶來如此大的危害，所以，你應該學會消解自己的怒火。當你有了憤怒之後，你需要一個安全閥排出多餘的情緒

「蒸汽」。

各種身體鍛煉方式都有益於慢慢排掉好鬥的「蒸汽」。輕快地長跑、打籃球、踢足球，這些運動都可以讓你獲得釋放。尤其值得提倡的是那些能讓你擊打或猛撞的運動 —— 高爾夫、網球、保齡球、打沙包等等。

還有一種辦法就是將怒火發洩到紙上。如果有人讓你灰心喪氣或是惹惱了你，不妨給對方寫封信，把心中的怒火全部寫出來，不給想像力留半點空間，然後把寫好的信付之一炬。

排遣怒火的最佳管道是把它全部用完 —— 即朝某個目標而奮鬥。工作始終是一種最好的治療方法，也是撫慰煩躁心靈的最佳鎮靜劑。

在理解了憤怒之後，我們也更能原諒別人對我們的不禮貌行為。如果有人對你粗魯無禮，在認識到對方的反應也許並非出於惡意而是某種下意識行為時，那麼你的苦惱也就消除了大半。別人或許也不過是在宣洩無法用於實現目標的情緒「蒸汽」罷了。

當你明白了這個道理後，就不會因為別人的憤怒情緒而勾起你報復性的憤怒回應了。這時，你才算真正成為了一個藏心的高手！

生氣不如爭氣

人總是太容易生氣，遇到不如意的人、事，任由心中生出怨恨、氣惱。因為氣惱，所以我們的人生變得怨氣沖天，毫無樂趣。更為關鍵的是，一個動不動就生氣的人，他的情緒將永遠暴露在別人的面前。他以為自己一生氣別人就怕了他，實際上，別人會抓住你的這個缺點，洞悉你的內心。

哲學家說：「生氣就是用別人的錯誤懲罰自己。」仔細想想，這句話真是真理！我們之所以會生氣，大部分是因為別人犯的錯誤影響了我們。而生氣除了讓自己不愉快，又能改變什麼呢？這難道不是用別人的錯誤懲罰自己嗎？我們與其為別人的錯誤而生氣，真不如自己努努力，給自己爭口氣來得實在！

道理很明白，但是太多人卻做不到。在遇到問題的時候，我們總是喜歡從別人身上找原因，為別人而生氣，卻很少將問題歸結於自己的不足，督促自己進步，獲得解決問題的能力。

FBI 探員詹寧斯原來是個火爆浪子，他動不動就會大發雷霆，讓人敬而遠之。因為這個毛病，雖然他非常有能力，卻總是得不到晉升。為此，他非常苦惱。有一次，在執行任務中，無恥的匪徒在落網之後還不斷用不堪的言語刺激詹寧斯。詹寧斯在暴怒之下，對那個人大打出手。這種行為違背了 FBI 法則，所以詹寧斯受到嚴肅處罰。

在那以後，詹寧斯痛定思痛，決心改變自己的壞脾氣。在那之後，他終於改變了自己愛發脾氣的壞毛病，也很快得到了上司的賞識，獲得了晉升。

那些不能控制自己脾氣的人，應該覺醒了，有和別人生氣的時間，不如自己給自己爭口氣！

　　作家被邀請到一所大學做演講比賽的評審。參賽選手經過抽籤確定了演講的順序和主題後，第一位選手表情很不滿地走上臺去。「同學們，尊敬的評審員們，這是一場不公平的比賽！我領到這張紙以後，只有幾分鐘時間準備，在我之後的人有更充裕的時間準備，這是不公平的！」

　　在眾人驚訝的表情下，他走下講臺，衝出了大廳。

　　這個選手的離開並沒有給比賽造成任何影響，比賽順利進行。有人自比賽中獲得了榮譽，有人則鍛煉了自己。

　　過了幾天之後，這位作家偶然遇到了那個生氣離開的選手，就對他說：「你因為不公平而生氣、而離開，可是你有沒有想過，只要自己爭氣，那麼即便是不公平，你也能獲得成功？」選手聽了作家的話非常慚愧，他也從中領悟到了做人的道理。

　　這個故事中的選手太不會藏心了，雖然他的不滿是有原因的，但是在那種場合大發脾氣，證明了他的不成熟。因此，我們需要藏心，需要隱藏自己的怒火。

　　生活中，我們總是會遇到一些比較困難或者自己不願意做的事。當這些事情無可避免發生在自己身上的時候，生氣又有什麼用呢？只有自己爭氣，才能擺脫困境，走向輝煌。

　　所謂爭氣，就是不因一時的失敗而洩氣，要能力圖上進；不因一時的挫折而喪氣，要能奮發圖強；不因一時的貧苦而壯士氣短，應該要鼓舞精神，要更加爭氣。當一個人受到挫折委屈時，只有自己努力「爭氣」，以願心為動能，化悲憤為力量，才有前

途未來。

有一個年輕人，經常因得不到上司的賞識而生氣抱怨。一天，他去拜訪恩師，並向其道出了自己的煩惱。

恩師聽後，就帶著這個年輕人到了海邊，他彎腰揀起一塊鵝卵石，拋了出去，扔到了一堆鵝卵石裡，並問道：「你能把我剛才扔出去的鵝卵石撿回來嗎？」

「我不能。」年輕人回答。

「那如果我扔下一粒珍珠呢？」恩師再問，並別有深意地望著年輕人。

年輕人頓時恍然大悟：一味地生氣抱怨只是徒勞，唯有爭氣，憑藉實力迅速脫穎而出，才是明智的做法。

如果你只是一塊平常無奇的鵝卵石，就沒有生氣抱怨的權利，因為自身還沒有被注意的亮點。此時，就需要爭氣，不斷提升自身的實力，最終成為一粒耀眼的珍珠。那時的你，說話才能理直氣壯、擲地有聲，最終得到別人的認可與尊重。

要爭氣，就得先要有志氣！立志向上，立志做人，立志爭氣，立志就是爭氣的原動力。我們如果要不生氣，就必須要爭氣；我們要想爭氣，就必得先要立志。人有志氣，又何患無成呢？

原諒要有手術刀的效果

有時候，我們之所以生氣，是因為我們總是對別人的錯誤耿耿於懷，我們因為別人的錯誤而生氣。

當然，有時候我們也許會裝出大方的樣子，說：「我能原諒你，但我卻無法忘掉。」但事實上，這句話只不過暴露了內心的不原諒，你心中的計較依舊會折磨你的心。你如果不去原諒，就永遠藏不住你的內心，更藏不住你的怒火。

真正的、誠懇的、徹底的原諒，是醫治一切內心不快的良藥。而那些虛假的原諒，則像是一個人在給自己做整容手術，雖然戴上了一張「假面」，但是心中的憤怒卻始終暴露在人們面前。

關於原諒，我們存在許多誤解，而原諒的治療價值之所以沒有得到眾人的公認，原因之一就是很少有人嘗試真正的原諒。

許多人說，我原諒了別人給我的不公平待遇；但事實上，當這些人心中還想著「不公平」的時候，他就沒有做到真正的原諒。

更多人則把原諒當作是一種體現自己寬容的手段，或者作為一種戰勝對手的方法。這種思想在許多油腔滑調的俏皮話中表現出來，例如，有些人喜歡說：「好吧，我原諒你的無知。」你覺得這是真正的原諒嗎？顯然不是，因為話中還有明顯的憤怒，只不過是夾雜了一些調侃但具有殺傷力的話罷了。

具有真正療效的原諒會將對方的「劣跡」切除、根除或剔除，就像它從來沒有發生一樣。只有這種原諒，才有手術刀的效果。

　　FBI 探員傑森在十年前追捕一個逃犯時，被窮凶極惡的逃犯打瞎了一隻眼睛。而那個逃犯，最終也被他擒獲。

　　十年之後，傑森再次遇到了當初的那個逃犯。逃犯也認出了眼前的這個人，就是當年將自己逮捕歸案的人。

　　逃犯雖然對傑森充滿了怨恨，但是一想到當年自己曾經打瞎了他的眼睛，心理反而有些「安慰」，心想：「我雖然被關了整整十年，但是他也瞎了一隻眼睛，恐怕這十年的日子也不好過。」

　　可是令逃犯感到「憤怒」的是，傑森的狀態居然很好，他依舊快樂地生活著。

　　敵人的快樂就是自己的痛苦，逃犯心裡有些不舒服了。他惡狠狠地問傑森：「你知道，你讓我蹲了十年大牢，十年裡，我都生活在憤怒之中！而你這個可惡的瞎子，居然還笑得出來。你忘了你的眼睛是我打瞎的嗎？現在我就在你面前，你應該感到憤怒才對。」

　　傑森笑了一下說：「我快樂，是因為我早原諒了你。而你生活在憤怒中，就是因為你不懂得原諒，只會怨恨。

　　這個故事告訴我們，如果一個人不懂得原諒，那麼他的生活就是可悲的。只有學會原諒的人，才能克制自己的憤怒。

　　其實，想讓原諒來拯救你的心並不難。唯一困難的就是你一定要毫無保留的放棄或解除譴責感。

　　我們發現原諒難的原因只有一個，就是我們太過於喜歡譴責別人的感覺。我們從自己的傷口中，會得到一種反常、病態的快樂。只要有機會譴責別人，我們就會覺得自己比被譴責的對象要強一些。誰都必須承認，這是一種病態的滿足感。

　　在發自內心的原諒中，我們將別人所「欠」的債一筆勾銷，

這並不是因為我們突然變得「大方」起來，因為施人以恩惠或者從道德上來講是個超人。

我們之所以決定取消「債務」、給它貼上「無效」的標籤，也不是因為別人已經還清了欠我們的一切；而是由於我們開始認識到這筆債本身就不合法 ── 只有當我們能夠發現（並從情感上接受）自己現在和過去都沒有什麼可以原諒的時候，這種諒解才有治療效果。這就是原諒別人的妙處。

事實上，我們不僅要原諒別人，也要原諒自己。給我們帶來創傷的不僅僅只有別人，也包括我們自己。

當我們用自責、懊悔、遺憾來折磨自己時，當我們用自我懷疑來壓制自己的內心時，當我們用過分的愧疚讓自己懊惱不已時，我們其實都沒有原諒自己。

從情緒上講，懊悔和遺憾是指回到過去的生活當中。

過分愧疚是指我們希望把過去做錯或自認為做錯的事再做正確。

當情緒幫助我們對眼前的現實環境作出正確回應或反應時，我們才算正確而恰當地運用了愧疚感。但是，如果愧疚之情到了一種失去控制的地步，其實也會對我們造成傷害。

我們活在當下，卻總是被過往糾纏。從前所做的錯事、壞事，我們為之悔恨。從前的成功、榮譽，我們念念不忘。沉淪在往事裡，就容易對當下的處境產生不滿。所以，我們過得並不快樂。

過去並非沒有意義，它讓我們擁有了更多的生命體驗和生活經驗。我們可以回首往事，從中吸取經驗教訓，用以指導自己當下的生活。但是，絕不能被往昔的種種情緒所困擾、糾纏。因為在當下，還有很美好的生活等著我們去感受、創造。

　　凱斯西儲大學曾對「愧疚」這個問題進行過研究，研究報告發表在《讀者文摘》上。研究發現，普通人每天要花兩個小時用於愧疚！對於這些人而言，「昨天」就像是一個籠子，它禁錮了人們對於當下生活的渴望和體驗。總是沉迷於昨天，就永遠不會有現在。

　　人生不可逆轉，過一天就會少一天。我們追求的是幸福和快樂，背負著過去的痛苦走完一生真的不值得。事情是過去的事情，痛苦是過去的痛苦，一切後悔和嘆息都無濟於事，拿過去的痛苦來折磨自己是悲哀的，也是沒有意義的。

　　如果你不能用寬容和豁達的眼光，來看待自己的人生，就無法用樂觀的眼光看待未來。

▌ 克制沮喪產生的爭鬥心

　　人在遭遇挫折後，難免會產生沮喪。但如果不隱藏和克制自己的沮喪，便很可能導致錯誤的鬥爭心。

　　劉是一名 FBI 探員，曾經為 FBI 立下赫赫功勳。由於在某次任務中險些被敵人殺害，而且那次任務也宣告失敗，所以他開始變得沮喪。他總是說：「我每天是把腦袋別在褲腰帶上的，但是政府卻從來不拿我們的生命當一回事。」

　　從那以後，劉變得暴躁易怒，經常和上司發生衝突。

　　1990 年，劉跑到上司的辦公室，對上司說：「你必須讓我脫離目前這個職位，我已經受夠了這份工作，也受夠了你們。」由於劉當時在任務中有不可替代的作用，所以上司駁回了他的請求。

　　在申請被拒絕之後，劉的暴躁變本加厲。某次，他在超市中購物，和超市的收銀員發生了一點衝突。這時身為 FBI 探員的他，竟然不顧 FBI 的嚴令，拔出自己的手槍對準了一個無辜的人。

　　當然，劉被 FBI 給予嚴懲。辦公室主任大怒之下改派他一份羞辱的工作 —— 讓他替辦公室的同事們複印文件。

　　1993 年 10 月 12 日，FBI 行政管理處處長史蒂文在一封寫給劉的信中說：「你違反了規定，所以除了將你開除外別無選擇。」

　　就這樣，一個有前途的探員失去了自己的工作。

　　在這個故事中，劉作為一名 FBI 探員，非但沒有很好克制自己的負面情緒，反而任由自己的憤怒蔓延，最後釀成了大禍。

這個反例告誡我們：作為一個善於藏心的人，一定不要盲目「開炮」。

事實上，在我們生氣的時候，身體有一些負面的反應，比如高血壓、憂愁、酗酒，而且會滋生我們易怒、粗魯、非議、嘮叨、挑剔等情緒。由此可見，生氣對於一個人的負面作用是非常大的，所以我們非常有必要克制住自己的怒火。

我們要想不生氣，需要先藏住自己心中的沮喪之情。

事實上，每一種情緒都應該有一個釋放的通道。這就像是鍋爐裡的蒸汽，必需有一個出口，才能保證蒸汽所產生的壓力不會大到讓鍋爐爆炸。但是有些人不會給自己的情緒找一個合適的通道，他們會將心中的壓抑變成沮喪和憤怒，然後爆炸性的釋放出去，給自己和別人都造成傷害。就像南美洲的一種蠍子，發火時狂螫自己，最終死於自身的毒液。

毒蠍子這種行為看起來荒誕，但是在我們人類的世界裡，以理智著稱的我們，何嘗不會犯下同樣的錯誤？

一名成功的女性，嫁給了一個比她年齡小一點的男子。這位女性在事業上要比丈夫更成功，所以她一直是家裡的經濟支柱，她自己也對這種狀態很滿意。

而她的丈夫呢？長期生活在妻子的陰影下，受盡別人的嘲笑和非議，這讓他倍感沮喪。

丈夫為了擺脫對妻子的經濟依賴，也曾經三番五次的想要創業，但是均以失敗告終，結果只是為他帶來更大的挫敗。他開始變得暴躁不安，經常和妻子吵架甚至大打出手，結果婚姻破裂。

這是典型的因沮喪而憤怒的案例。

　　人之所以會沮喪，是因為覺得自己的能力不足以應對眼前的局面。所以，我們應該對症下藥，讓自己走出眼前的困境，積極地生活。

　　誠然，生活中許多苦難是無法克服的，但是，我們完全不必因此而自哀。因為你只要有一顆積極的心，即便是不能解決問題，也不至於被問題所擊倒。

　　所以，積極地生活，就是你克制沮喪的最好辦法，也是藏住自己憤怒的途徑。

▌淡定才是藏心根本

淡定，是一種思想境界，是一種心態，是生活的一種狀態，是「藏心術」修煉到一定程度所呈現出來的那種從容、優雅的感覺。只要擁有這種心態，我們在生活中無論遇到什麼情況都會處之泰然，寵辱不驚，不會太過興奮而得意忘形，也不會太過悲傷而痛不欲生，更不會因眼前的不快而大發雷霆。因此，淡定是藏心的一個好管道。

古人講：「不以物喜不以己悲」，其實就是一種淡定的態度。每個人的生命存在方式都是不同的，你只能以自己的方式為人，以自己的方式處世。

在這個世界中，我們會遇到許多不如己所願的事情，最好的應對就是淡定。記住：淡定是一個人的美德，淡定的胸懷能包容一切。在生活中多幾分淡定，便會多幾分泰然。

比如，在擁擠的公車上，有人踩了你一腳，這時你的反應是什麼呢？是淡然地說一句「沒關係」？還是火冒三丈，把對方大大臭罵一頓？

此時你的處境我們可以理解，車擠、開得慢，對於著急上班的人來說本來就有說不出的怒，再加上腳上火辣辣的疼，能不火大嗎？可是爭吵又有什麼用？它只能把你的煩躁發洩傳染給別人，別人也會變得更加煩躁，結果兩人大打出手，惡語傷人。本來一件小事，造成嚴重的後果；即使你能在與別人的口角中占到便宜，你還是輸了風度。相反，假如此時你擁有淡定的情緒，你就能夠為彼此著想，化干戈為玉帛。

當然，淡定並不是說要讓一個人「全無感情」，無喜無悲那

是有道高僧所追求的境界。對於我們來講，淡定就是要讓自己在面對事情的時候能夠冷靜地去權衡利害關係，而不是被自己的負面情緒完全主宰了自己的行為。

如果你能多淡定些，肯定就會少做許多讓你後悔的事情，那麼你從苦惱中解脫出來的時間就能減少一些，受的傷害就會少一些。有句名言：「看得開一點，傷就少一點。」這裡的「看得開」，指的就是淡定啊！

有一位 FBI 探員因得罪上司而被調到離家較遠的郊區工作。此時他已年過半百，每天還得騎兩小時自行車才能到單位，身體非常吃不消。

開始時，他對上司的這一決定超不滿，負面心理極重，總是去總部要求換個離家近點的單位。此時他感覺這個世界太不公平了，沒有地方可以讓他說理去；可是得罪了上司，他調回總部的想法只能是泡影。

怎麼辦呢？難道就一直這樣負面下去嗎？他問自己該怎麼辦，擺在他面前的只有兩條路 —— 要麼辭職，要麼適應。但是他的家庭情況並不樂觀，老伴的身體越來越不好，家裡需要錢，怎麼辦？最後，他選擇了主動接受，他對自己說，既然選擇不了，那就接受好了，他看開了。

之後，他每天都帶著愉快的心情早起上班，路上他盡情地呼吸著清新空氣，欣賞著田園風光，聆聽著鳥兒的鳴叫。這樣，他腳下的這段路程便顯得不再那麼漫長了，他的心情也不那麼糟糕了，反而感到十分愉快，到單位後精神抖擻地投入到工作之中。一年後，由於他的表現出色，被提前調回總部，而且升官加薪。

此事讓他深有體會，感慨萬千。讓他最深有體會的就是凡事

都要看開，這裡的看開指的就是「淡定」二字。

從此，他經常告訴他的下屬，無論何時都要保持淡定，只有淡定才能讓自己平靜，也只有靜下來才有思考的空間，才能正視現實，並從中發現事情有利的一面，才能成功地走出消極的惡性情緒旋渦，找到快樂的一面。

但是，我們一定要搞清楚一個事情，淡定並不是讓你消極被動，而是讓我們對待困難與逆境時保持一顆冷靜樂觀的心。

對於生活中的一些事，我們是不能不認真對待，據理力爭的；對生活中的某些人，我們也不能不聞不問，任其肆無忌憚。那不叫淡定，那叫冷血無情。假如我們在面對種種不幸時，能夠從容地一笑置之，這樣你才做到了淡定。

這並不是叫我們去學會自欺欺人，而是自我調整和對環境的主動適應。你要相信，生活中發生的一切都是生活的一部分。是你的就是你的，失去了還會再來；本屬於你的東西，決不會與你交臂而過；不是你的，早晚會失去，再挽留也無濟於事。

有了這種泰然自若的心態，學會說「看開」，你就會覺得生活中增加的不是苦惱，而是歡樂，這時的你才真的懂得了淡定的意義。

保持一顆平和的心

生活中，難免會遇到對自己不利的流言，這些中傷和誹謗很容易讓人失去理智，讓人迷失心性，而做出一些過當的事情。這時候，一個人的缺點就完全暴露在別人面前。這對藏心是非常不利的。

如何讓自己不為流言所動，保持良好的心態？我們需要有一顆平和的心，少生氣，少發牢騷。

喜歡發牢騷的人心態往往難以平和，因為他們總是對自己周遭的人或物存在不滿，整天活在憤懣中。

情緒是可以被感染的，一個整天憤懣的人，別人在他身邊也會感覺壓抑和不快，所以人們一般都對這樣的人敬而遠之，他們又怎麼能有好人緣和好機會呢？

警員接手了一個奇怪的案子。某大學的教授集體出遊，但是在出遊的過程中，一個名叫里維斯的教授卻離奇跌下懸崖身亡。大學方面聲稱，里維斯是自己不慎跌落懸崖的。但是里維斯的家人卻堅稱，里維斯是被人推下去的。

這是個非常簡單的案子，所以警員很快就查清了真相。原來，他們在一個風景區照相，為了拍攝眼前的美景，另一名教授與妻子早上五點就到風景區三號觀景臺占位子。不久，里維斯也看中了三號觀景臺這個位子，遂將相機三腳架放在人家占好的位子前面，兩人發生爭吵。隨後，里維斯在拉扯中不幸墜崖身亡。由於這件事情對學校的聲譽不利，所以學校才堅稱里維斯是自己不慎跌落山崖的。

在這個故事中，之所以會因為一件小事就發生悲劇，就是因為他們都太容易生氣了。一個人一旦生氣，衝動就會打敗理智，藏心就成為了一句空話。

人總會遇到所謂的「不平」，有時候你覺得自己沒有錯，感覺很委屈，因而內心無法平靜，處處與人爭辯，想「討個道理」。一個滿腹牢騷、喋喋不休的你，非常容易成為別人眼中的「病毒帶原者」，對你敬而遠之。

其實，與其怨天怨地、心懷不平，不如沉下心來，思考一下具體的處理方法。只有這樣，才是理智有效的應對之方。

FBI探員的工作是以嚴謹和認真著稱的，但是偶爾也會鬧出一些笑話。

有一次，探員在喬裝打扮後把兩個大盜騙到了他們的住所裡。這兩名大盜準備把偷來的一百萬美元政府債券賣掉，但是要求對方必須先拿七萬五千美元作為第一批款項。於是喬裝的FBI探員請這兩名大盜到他們所居住的旅館，其實在這之前，他們就在旅館的房間裡預先埋伏了四個探員，準備當場逮捕大盜。

這四個探員都躲在旅館房間的衣櫃裡。這些衣櫃都是用木頭做的，做工相當考究，而且關得又牢又密，裡面幾乎是密不透風。

當這兩名大盜進入旅館的房間之後，他們用了很長的時間來觀察兩個FBI探員裝扮成的買家是否可疑，而且要先看到現款，他們才會把自己偷來的政府債券拿出來。

於是大盜們和探員扮成的買家一邊吃東西，一邊談判，這個討價還價的過程幾乎持續了四個小時。這對於躲在衣櫃裡的四個探員實在是一種苦刑，因為衣櫃裡太熱了。

當初他們約定，只要大盜把債券一拿出來，躲在衣櫃裡的 FBI 探員就可以衝出來當場把大盜捕獲，但是大盜遲遲不肯拿出債券。

　　等到最後大盜終於上當，四人從衣櫃裡衝出來的時候，第一個人已經熱得暈了，連手裡的槍都拿不住而掉到地上，其餘三個人則脫得幾乎一絲不掛。

　　雖然場面十分可笑，但 FBI 探員們還是成功地完成了任務，把這兩個大盜當場捕獲，並且還搜到了他們以前偷到的債券，數目總共達六百萬美元之多。

　　案例中的 FBI 探員，如果因為自己的處境非常糟糕就大發雷霆，衝出去的話，他們就不可能完成自己的任務。

　　人生不如意時有八九，成敗之間僅有一線之隔。面對不如意的事情，我們必須屏棄頭腦中的慣性思維，不要把人生的大好時光消耗在怨天尤人的情緒當中。

　　如果你熱愛自己的生活，首先就要學會正確的引導自己的情緒，摒除心裡愛發牢騷的雜草，專心致志的投入，只有這樣才能獲得成功。

當一名理性的忍者

柏拉圖說：「稍忍須臾是壓制惱怒的最好辦法。」一個能屈能伸的人，不會因為一時的激憤而忘記了忍耐，那樣只會讓自己更加被動。

實際上，所謂忍讓，就是讓時間、讓事實來證明自己的一種方法。歸根究底，看起來是退步的忍讓是一種變相的爭取，因為只有這樣才能夠擺脫相互之間沒有原則的糾纏和沒有必要的爭吵。

在非洲的戈壁沙漠裡，有種花叫做「依米」。這種花需要忍耐六年的漫長歲月才能開一次花，而花期卻只有兩天。兩天過後，這種花便迅速枯萎了。

由於氣候乾旱，土地貧瘠，更何況這種花只有一條根吸收水分。在六年時間裡，炎炎烈日燒灼它，漫天風沙肆虐它，然而依米花毫不氣餒，在默默等待，默默生長。它知道，總有一天，根鬚深入到一定程度自己就會綻放絢麗的花朵。

依米花用生命的軌跡向我們昭示，只有忍耐，才能美麗，只有忍耐才終有成就。

忍讓並不意味著懦弱可欺，相反，有忍讓之心的人往往更具備自信和堅韌的品格。古人所說的「忍」字，至少包括了兩個方面的德行：其一是堅韌、頑強。晉朝朱伺說：「兩敵相對，唯當忍之；彼不能忍，我能忍，是以勝耳。」這裡的忍，也就是頑強精神的一種體現。

第二種就是懂得克制自己。《荀子・儒效》:「志忍私,然後能公;行忍惰性,然後能修。」

　　「小不忍則亂大謀」,這句話沒錯。「負荊請罪」的故事被傳為千古美談:藺相如身為上卿,位高權重,卻不與廉頗計較,處處禮讓,何以如此?為國家社稷也。將相和,則全國團結;國無嫌隙,則敵必不敢乘。藺相如的忍讓,正是為了國家安定之「大謀」。忍讓是一種眼光和度量,可以克己忍讓的人,是雄才大略的表現。

　　古人曾云:「忍為眾妙之門」。事實上,對於人生中的許多不幸和災難而言,忍是唯一的辦法。「唯有埋頭,乃能出頭。」人生就好像一粒種子,你要它長大,就必須忍受在黑暗泥土中掙扎的這個過程。不肯忍受埋藏的苦悶而暴露在空氣中,短時間之後,就永遠失去了孕育新生的機會。

　　一個人想要有忍耐力,就要清楚地知道自己到底想要什麼,到底渴望什麼。這是開發忍耐力最重要的鑰匙。沒有明確的目標就像大海裡的一片樹葉,隨波逐流,永遠也達不到彼岸。

　　那些成功的人之所以能成功,並不是他們有與生俱來的天分,而是因為他們有志氣,更重要的是能夠調整自己的心態,在沉穩中磨練身心。無論何時,遇到怎樣的困難,成功者都能為了實現某種目標而採取「磨」的手段,他們具備超凡的忍耐力,總能坦然面對生活中的各種磨難,最終走出困境。

　　歌德有天到公園裡散步,迎面走來了一個評論家。這個評論家對歌德的作品很不以為然,今天在公園偶然相遇,他很想給歌德一個下馬威。

　　當時,這個評論家站在歌德面前,高聲說:「我從來不給傻

子讓路！」

面對對方的咄咄逼人，歌德卻沒有生氣，反而給對方讓開了一條路，說：「而我正好相反！」

歌德的幽默和忍讓，避免了一場無謂的爭吵，同時也避免了自己可能會產生的負面情緒。從某種意義上說，他既為自己擺脫了尷尬、難堪的局面，順勢下臺，同時又顯示出自己的心胸和氣量。這就是理性容忍的力量。

理性的克制對一個追求成功的人來說，並不是一種束縛，而是一種強韌的護身甲，雖然披上它難免有些負擔，但是它能讓你不被傷害。一個人越想受到尊重，越要注意克制自己的日常言行。

理性的人辦事沉穩謹慎、環環相扣、思維嚴密、效率明顯、成績斐然，深得別人的器重和讚美，能活出自己精彩的人生。

感性做人，理性做事，相信你能迸發出最為強大的力量，在這個紛繁複雜的環境中活出自己的個性來，在這個充滿競爭的環境中快快樂樂、健健康康地成長、生存、發展，打造出自己的成功人生！

謙和讓人更有質感

老子曾經這樣誇獎孔子：「君子盛德，容貌若愚。」意思就是說，品德高尚的君子，總是顯得謙恭、和善。

事實上，謙和也是一個人藏心的最好辦法。一個謙和的人，不見得他沒有能力、沒有野心，只不過他把自己的情緒都很好地控制住了，表現出了自己最有修養的一面。

謙和是一種處世態度，是一種美德；也可以說是一種處世的策略，一種智謀。

只有心中懷有謙和的心態，才能不斷地努力打拼，努力實現自己的人生價值；同時，也只有心懷謙和的人才能妥善地處理好自己與他人的關係，得到別人的關照和器重，從而為將來的事業打下良好的基礎，達到你所追求的目標。

張良年輕時在沂水圯遇到一位老翁。張良上前施禮，恰好老翁的一隻鞋子掉在橋下。

老翁喝斥張良讓他幫忙撿鞋，語氣相當蠻橫。張良本要發怒，但轉念一想，老人大把歲數，於心不忍，便幫他把鞋撿了回來。

當張良把鞋子遞與老人時，不料老人伸出腳讓張良幫他穿上。張良忍住怒氣，恭恭敬敬幫老人將鞋穿上。

沒想到老人又故意把鞋踢到橋下，讓張良又去撿來幫忙穿上。這樣折騰了三次後，老人微微一笑，站起身下橋便走。

張良愣了半天，覺得老人不通情理、古怪離奇，竟然連聲道謝的話也沒說，便決定跟在他身後，看他行往何處，有何舉動。

大約走了半里多路後，老人回頭朝張良招手微笑，決定收張良為徒，並要張良五日之後，在此會他。

五日後，張良按約定原地迎候老人。結果老人已先他在此。

老人氣憤的罰他五日後再見。

又過五日，張良一聞雞鳴，便即前往，可是老人又已先到，仍舊責他遲到不敬，要他再過五日，準時來會。

又過了五日，張良一夜未敢睡，剛過黃昏，便去等候老人，這次終於比老人先到。老人很滿意，取出一書交給張良，然後轉頭便消失了。此書即為《素書》。

從此，張良不分晝夜，苦讀不捨，最後成為中國一代名臣，成就一番偉業。

張良的故事說明了保持一顆謙和之心是多麼重要，謙和往往會在不經意間為我們帶來人生的轉機。但在現實中，一些人的謙和多少有虛偽成分，他們把謙和當作一種策略，一種謀求同情和請求幫助的策略。

其實現實生活中不乏一些人，他們將自己的慾望隱藏起來，就像一個富足的人卻持大碗、身著破衣向人乞討一樣。為什麼會出現這種情況？原因有兩個：其一是想要得到某種利益而又不能公開爭取，其二是想要得到一個不計名利的好名聲。人們常說一個人不應該過分偽裝，但是這種對自己、對別人都有好處的偽裝，又有什麼不可以呢？

當然，如果你的謙和是發自內心的，那自然再好不過。

真正成為一名謙和的人，才是一個真正完整的人。因為當你懂得謙和的時候，日常的待人接物就能做到溫和有禮、平易近人、尊重他人，就能善於傾聽他人的意見，就能虛心求教，截長

補短。而且對待自己也更有自知之明,在功績面前就不會居功自傲;在缺點和錯誤面前也不會文過飾非,而能主動採取措施進行改正。

謙和是成功的法寶,是勝利的訣竅。不論你從事何種職業,擔任什麼職務,都只有謙虛謹慎,才能保持不斷進取的精神,才能增長更多的知識和才幹。謙虛謹慎的品格能夠幫助你看到自己的差距,永不自滿、不斷前進,可以使人冷靜地傾聽他人的意見和批評,謹慎從事。否則,驕傲自大、滿足現狀、停步不前、主觀武斷,輕者使工作受到損失,重者會使事業半途而廢。

一天,居里夫人的一名朋友到她家裡做客,朋友的孩子無意間看到擺在櫃子上面的一枚金獎章,產生了好奇,想要拿下來玩。

這可不是一枚普通的獎章,而是英國皇家學會頒給居里夫人的。能夠得到皇家學會的認可,那是至高無上的榮譽。但是小孩子哪裡懂得這些,一味要玩。朋友當即斥責孩子。

這時,居里夫人阻止了她的朋友,拿下了那枚獎章,放到孩子的手裡。同時告訴朋友,獎章只能代表過去的成績,而我們絕不能永遠守著過去,否則就將一事無成。

居里夫人始終保持一種對事業的謙和態度,她並不因為取得了巨大的榮譽就高高在上,而是勝不驕、敗不餒面對所有一切。也正是在這種謙和的品格影響下,後來她的女兒和女婿也踏上了科學研究之路,並再次獲得了諾貝爾獎。

可見,謙和能使一個人面對成功、榮譽時不驕傲,相反把它視為一種激勵自己繼續前進的力量,而不會陷在榮譽和成功的喜

悅中不能自拔。

　　總之，謙和是我們人生的第一處事原則。只有保持謙和之心，人生之路才會越走越寬，越走越光明。

沉默的力量

人一生氣，總是顯得非常激動，用最高的嗓門說話，恨不得全世界都聽到自己的聲音。對於一個真正的藏心高手而言，言多必失是他們遵循的首要法則。他們即便是在生氣的時候，也懂得用沉默的力量來幫助自己藏心。

沉默是一種無形的力量，它不是一味地不說話，而是一種胸有成竹、沉著冷靜的特質，它能夠在神態和氣勢上壓倒對方。恰當地運用沉默，往往令對方招架不住，自亂陣腳，從而露出廬山真面目。「厚黑學」主張，上帝給了我們一張嘴、兩個耳朵，目的就是讓我們明白耳朵的作用比嘴巴大，聽比說更為重要。在特定的場合中，少說乃至不說、保持沉默，常常比喋喋不休地理論更有說服力。

沉默是一種無聲的語言，有一句古話叫做：「於無聲處聽驚雷」。有時候，沉默可以變得很犀利。我們大都會經歷這樣的場景：你在和別人討論、爭執，當別人感到乏味時，會不理會你的語言，拿起桌上的報紙或其他什麼，隨便翻閱起來，以此作為回應。但恰恰是這種沉默式的回擊，往往會讓你感到十分難受。

這就是沉默的「犀利」之處。不要試圖借助言語驅使他人做你希望的事，他們只會因為你的激動而反對你，毀滅你的願望。在人生絕大部分的領域內，你說得越少，就越顯得神祕。當你學會閉上嘴巴的時候，實際上更有機會擁有權力。

沉默為什麼會有如此大的威力？因為一旦一個人保持沉默，就等於隱藏了自己的真實意圖，讓別人更難以琢磨，更恐懼。

沉默會給人造成很大的心理壓力，人生性都是排斥沉默的，

它會讓人感到沒有依靠，因而沉不住氣。另外，沉默還可以引起對方的注意，使對方產生迫切想瞭解你的念頭，因為沉默有種「神祕」的意味。

「話多不如話少，話少不如話好」。多言的人往往是浮躁的，因為口頭上慷慨的人行動總是吝嗇的。在適當的時候，保持沉默，你的力量大過於千軍萬馬。正如英國十九世紀政治家查士德‧斐爾爵士教導他的兒子：「要比別人聰明，但不要告訴人家你比他更聰明。」

事實上，單單是沉默並不能讓自己變得強大。更重要的是，一個人要在懂得不動嘴的時候悄悄地「動手」。

行動是一個敢於改變自我、拯救自我的標誌，是一個人能力有多大的證明。所有的空想，所有的宣言，如果沒有行動作為延續，就都是虛無飄緲，因為沒有任何實際的東西。美國著名成功學大師說：「一次行動足以顯示一個人的弱點和優點是什麼，能夠及時提醒此人找到人生的出口。」毫無疑問，那些成大事者都是勤於行動和巧妙行動的大師，他們都是用行動來證明自己的價值。

FBI 探員有一個做事的法則 —— 少說多做。確實，對於整天生活在危險中的他們而言，這是一個生存下去的法則。

FBI 資深探員說：「行動的最好方法，就是要馬上去做、立刻去做，不論從哪個角度看，這都是一句真理。也許你早已經為自己的未來描繪了一個美好的藍圖，但是它同時也給你帶來煩惱，你感到自己遲遲不能將計畫付諸實施，你總是在尋找更好的機會，或者常常對自己說：留著明天再做；這些做法將極大地影響你的做事效率。要獲得成功，必須立刻開始行動。任何一個偉大

的計畫，如果不去行動，就像只有設計藍圖而沒有蓋起來的房子一樣，只能是一個空中樓閣。」

看看那些成功的人，他們往往都是實踐家。有了想法，就馬上制定行動的計畫，然後開始實踐。他們從來都不是終日幻想著會有什麼樣的結果，也從不擔心失敗了會如何，更不會向外人宣揚自己即將開展一個偉大的計畫。

他們知道，任何東西都無法替代腳踏實地的行動。有了積極的行動，自然會有好的結果；有了積極的行動，就能夠克服萬難直至成功；有了積極的行動，任何人都會看得到自己的努力和付出，自然會產生信服感。行動，就是最好的證明。

據說，在美國一個小城的廣場上，樹立了一個老人的銅像。他既不是什麼名人，也沒有任何輝煌的業績和驚人的舉動，只是該城一個餐廳端菜送水的普通服務生。但他對客人無微不至的服務，令人們永生難忘。他是一個聾啞人，他一生從沒有說過一句話，也沒有聽過一句讚美之辭，他只能憑「行動」二字，使平凡的人生永垂不朽！這就是沉默和行動相結合的巨大威力。

正如哲學家泰奧弗拉斯托斯（Theophrastus, c. 371 - c. 287 BC）所說：一個人在交際場合中一言不發，那麼這個人不是傻瓜便是強者。傻瓜是因為不會說話而沉默，強者則是因為不會犯言多必失的錯誤所以沉默。

60

練習以第三人的角度審視自己

我們之所以會因為失敗、挫折而生氣，會因為別人對我們的評價而惱火，其實很大程度上是因為我們沒有認真的反思過自己。一個人若是不懂反思自己，就難以對自己做出客觀的評價，因而會被外界影響而表現出相當敏感的心態。這顯然不得藏心的要旨。

反思自己的過程可能會非常艱苦，但是如果你能夠透過自我認識而提升自己，就會離成功越來越近。

有一個人，二十三歲的時候被人陷害，鋃鐺入獄，在監獄裡整整被關了九年。後來冤案告破，他重新獲得了自由。

雖然過去的苦痛經歷結束了，自由重新降臨到他的生活中，但是他的陰霾生活顯然還沒有結束。他開始了無休止的抱怨和控訴：「我真不幸，在最年輕有為的時候遭受冤屈，在監獄裡度過本應最美好的時光。如果沒有人陷害我，我怎麼會是今天這副樣子？我一定有更好的生活，一定有了自己的家庭，可是現在，我什麼都沒有！這該死的世界，為什麼要這樣對我！」

抱怨像一條毒蛇，將他的一生用陰冷冰涼的軀體纏繞。

七十三歲那年，在貧困交加中，他終於臥床不起。彌留之際，牧師來到他的床邊：「可憐的孩子，去天堂之前，懺悔你在人世間的一切罪惡吧！」

到了這個時候，病床上的他依然對往事耿耿於懷：「我沒有什麼需要懺悔，我需要的是詛咒，詛咒那些施於我不幸命運的人。」

牧師問：「你被陷害之後在牢房裡待了幾年？」

「九年啊，九年！我的大好時光就這麼白白浪費在牢籠裡了！」這人呼喊著。

牧師嘆了一口氣，說：「別人把你關了九年，可是你卻把自己關了四十年啊！」

這個人因為暫時的挫折，陷入對生活無休止的怨恨中，最終釀成了悲劇。

在漫長的人生歷程中，必須要正確地認識自己。把自己高估，會脫離現實，守著幻想度日，怨天尤人、懷才不遇，結果是小事不願做，大事做不來，終究一事無成；把自己看得過低，會產生強烈的自卑感，導致自暴自棄，明明能幹得好的事，也怯於嘗試，結果錯過很多機會，落得抱怨終生的後果。

FBI 探員吉姆在奧克拉荷馬一所監獄發表完演講之後，說過這樣的話：

「我離開時認識到：在這裡，我與搶劫犯、殺人犯、犯下可怕錯誤（有些犯人甚至反復犯同樣的大錯）的人為伍。然而，他們當中多數人卻不像外界的人那樣經常責備或懲罰自己，更不用說大部分的人一生中的嚴重失足有 99% 都是由誠實、道德的行為組成。入獄的犯人找律師爭取自己在獄中的權利，這都很常見，而許多優秀公民卻僅僅因為過度的自我批評和自我懲罰，剝奪自己不可讓渡的、追求幸福的基本權利。

當我們駕車駛過監獄巨大的混凝土高牆、一層層帶刺鐵絲網以及塔樓裡荷槍實彈的警衛人員時，我不禁想：許多人建造了比這些更加森嚴可怕的心靈監獄，然後將自己鎖入其中，而這一切

都是因為過去的『罪孽』。我對罪孽一說不是特別相信，但是，如果真有罪孽，那是指人們在用自己寶貴的光陰，為過去犯下的錯誤而懲處自己，也只有人才會犯下這樣的錯。」

罪犯是最為可悲的人，因為他們不懂得反思自己；但把自己關在心靈囚籠中也是種可悲。只有能正確認識自己的人，面對成功不得意忘形，遇到挫折不灰心喪氣，這樣才能在人生奮進的道路中，不自誇，不沉浮，以一顆飽滿的心去迎接更大的挑戰。

認識自我並非是一件容易的事，人往往會陷入自我迷失之中。我們經常會受到他人的影響和暗示，把他人的言行作為自己行動的參照，從而迷失了自己。另外，大多數人很少能夠主動審視自己、很少反省自己，更不會把自己放在局外人的地位來觀察自己。

正因為如此，我們很容易就弄不清楚自己究竟是誰；關鍵早已明確，只是我們自己尚不自知。

跳出自我迷失最好的辦法就是定期用冷眼旁觀的態度審視自己。古詩言：「不識廬山真面目，只緣身在此山中」，認識自己首先要跳出「廬山」，以旁觀者的眼光分析、審視自己。功過是非，不誇大，不縮小，避免主觀、片面，實事求是地看待自己。這樣才能克服不足、推動進步，以期不斷成熟、不斷更新。

認識自己當然不是我們最終的目的，它只是通向成功的一個環節。我們認識自己之後，最重要的就是給自己一個定位，把自己放在合適的位置，這樣才能達到目的，進而取得人生的成功。

STEP 3

放下

不煩躁，克制得失心

　　你煩躁不安，有無法克制的衝動，這一切都會
被別人盡收眼底，成為你的一個弱點。所以，人應
該克制自己的焦躁，讓自己變得更有心機。

　　本章，我們將讓大家逐漸變得平靜淡定，走上
自己的修心之路。

掩飾得失心

現代人多多少少會有一些浮躁，急於成功，在成功之後就會顯得飄飄然；但是如果沒有成功，則一蹶不振。

一個人若是在成功之後表現得太過驕傲、自大，會引起別人的不滿和怨恨。同樣，如果人在失敗之後表現出過多的失落和悲傷，會讓別人認為太脆弱，不能成就大事。所以，一個人如何面對成功失敗，會不會克制自己的得失心，是非常重要的。而且，這方面的能力也是藏心術的重要組成部分。

FBI 探員里維斯是潛伏在黑社會組織內部多年的一名臥底。當初，總部給他的任務是：盡可能地在這個組織中獲得更大的權力，然後再想辦法瓦解他們。

某一天，里維斯得知這個組織內的三號人物要到洛杉磯和另一個正在被通緝的黑社會成員祕密接頭。他知道，這是逮捕「三號」的最好時機。於是，他將這一消息通報給了總部。

第二天，里維斯被犯罪組織叫去參加一個聚會。正在聚會時，幫派中的一個小弟急匆匆地跑了進來，對「大哥」悄悄說了幾句話。

「大哥」聽完之後，皺起了眉頭。里維斯知道：自己的同事很可能已經將「三號」逮捕了，這個小弟可能是來報信的。能夠協助自己的同事逮捕一個重要人物，里維斯的心中當然充滿了成就感，可是他卻不能表現出任何「勝利者的姿態」。

果然，隔了一會兒，「大哥」惡狠狠地說：「老三被捕了，是FBI 那幫人幹的。」

　　這番話證實了里維斯的猜想，但是他卻沒有表現出絲毫成功的喜悅。相反，他倒是和那些犯罪分子一起大罵「該死的條子」。

　　最後，誰也沒有懷疑正是里維斯一手促成了「三號」的被捕。

　　這種故事經常發生在 FBI 探員身上，他們在進入敵人內部之後，就要掩飾每一次成功的高興之情。如果稍有不慎，就會暴露自己。他們確實是藏心的高手。

　　其實，在生活中，我們也需要藏住自己的得失心，否則會被別人認為你是一個患得患失的人。在成敗面前，多一份淡定從容，才能體現出做人的風範。古人說：勝不驕敗不餒，就很好地說明了這個道理。

　　對於我們的「藏心術」來講，如何面對成敗，在成敗面前該做怎樣的反應，也是我們的重要課題之一。接下來，我們將做出進一步的闡釋。

勝利者該有的心態

雖然我們無數次見證了以弱勝強、以小博大的故事，卻不能讓人們脫離對勝利的膜拜和追求。渴望勝利，希望自己成為勝利者，是每個人都有的一種心理。但是，並不是每個人都懂得如何面對勝利，在勝利之後該如何自處。現在，我們就說一說「什麼才是勝利者該有的姿態」。

我們經常說一個成語 ——「得意忘形」，這個成語放到藏心術上，我們可以這樣理解：那些獲得暫時勝利的人，最容易暴露自己負面的人性。因而，學會如何在勝利之後藏心，是非常有必要的。

在 FBI 探員面前的是一個無恥的恐怖分子。探員知道，此人在市中心某處安置了一枚放射性炸彈。如果不能在一個小時之內從恐怖分子口中追查到炸彈的具體位置，這個城市可能會遭遇建市以來最大的災難。

「如果你現在說出炸彈的位置，你還有重新做人的機會。」探員對罪犯說。

恐怖分子笑了笑：「我的夢想就快實現了，我等這一刻已經很久了，你想我會輕易放棄嘛？」

探員接著說：「我知道炸彈就在市中心。我們將會對市中心所有的高樓大廈展開地毯式的搜尋。我想，一個小時的時間足夠了。」

說完這句話之後，探員敏銳地發現，恐怖分子眼中流露出一絲得意。這個表情雖然很短暫，但還是被探員捕捉到了。探員因

此推斷出：「炸彈並沒有放到那些高樓大廈中。」

但是探員裝作一無所知，繼續說：「我想，你可能不會把炸彈放到高樓大廈裡，那樣做雖然效果不錯，但是也太容易被搜查到了；我想，你也不可能把炸彈放到電話亭，因為那裡人太多，你顯然沒有任何機會。」

說完這句話之後，探員發現，恐怖分子的眼中又有一絲得意閃過。探員心中震了一下，然後衝出去審訊室對同事說：「趕緊去盤查市中心的每一個電話亭，別問我為什麼，快！」

半小時後，拆彈專家在某個電話亭解除炸彈，城市安全了。

故事中的探員之所以能夠準確判斷出炸彈的位置，其實靠的就是從恐怖分子的「成功反應」中查找破綻。

當探員說要搜查高層建築時，恐怖分子眼中的得意告訴他：這個人認為警方不可能在那裡找到炸彈，所以才顯得如此得意；當探員說電話亭不可能藏有炸彈時，恐怖分子的得意就恰恰是告訴他：炸彈就在電話亭。

你看，一個人對於成功的得意之情，往往是難以克制的。所以，成功後的表現，最容易暴露內心。

除了得意之外，成功還容易表現出其他心理狀態。一般來講，成功者最常見的心理狀態是自我滿足，俗稱驕傲。人的驕傲來自對自己的滿意認知，即便是自己的團隊共同做出了傲人的業績，人也常常會因此而感到自我驕傲 ── 我是這個優秀團隊的一員！

所有人都有自己的一個心理評價，而且對於大多數人來講，這個評價都是正面多於負面，就算是一個一無是處的人，也會找到一些讓自己驕傲的理由。但是，我們也不能說驕傲絕對是一件

壞事。如果一個人真的從內心中否定了自己，那麼他的情緒只有一個 ── 絕望 ── 後面會發生很可怕的事情。

但是如果一個人過度自傲，那麼他一旦有了一點點成功，就會沾沾自喜，目空一切。此時，驕傲就成了一個人的負面品格。驕傲的人不會藏心，他們會盡量讓自己看起來更高大一些，例如抬頭、挺胸和眉毛上揚等動作，都是驕傲的直接體現。

成功者還容易陷入於炫耀之中。喜歡炫耀自己的人可能會獲得一些成功，但這並不能掩蓋他們膚淺的本質。這些人恨不得讓所有人都認識自己，生怕別人不知道自己的本事。

炫耀經常體現在肢體語言上，比如走路時晃動身體，就是典型的炫耀反應。這一點幾乎在一切人身上都能得到驗證，比如街頭混混喜歡大搖大擺，這就是炫耀。

炫耀是一種能夠讓人輕易識破的狀態（事實上，炫耀就是為了讓人明白自己的狀態），對於大部分的人來講，很難做到炫耀卻不被人討厭。所以，我們需要克制自己的炫耀，藏住自己的得意之情。

餐桌上，一位父親和朋友們談興正濃。父親突然自豪地對眾人說：「我只有一個女兒，但我的女兒可了不起了！」說罷，轉頭又對自己的女兒說：「去把妳的證書拿來，給叔叔們看看。」

小女孩三步並兩步跑回書房，拿起那一疊「整裝待命」的證書，拿出去交給自己的父親。父親接過證書之後，一一打開並對眾人解說：這個是模範生的獎狀，這個是珠心算一級的證書，這個是……

介紹完之後，小女孩就像明星般被隆重推出，聽眾們都嘖嘖稱讚，有的對小女孩報以讚賞的笑容，有的豎起大拇指說：「真

行！這孩子真不錯！」、「比我們家那孩子強多了！」、「這孩子這麼聰明，肯定像她父親。」溢美之詞讓小女孩有些害羞，但更多的是驕傲。

但是當證書傳到一個客人的手裡時，這個人並沒有像其他人一樣開口讚揚，而是若有所思地說：「這是妳以前得的吧？」聲音很平靜。

「是的。」小女孩回答。

「那現在的呢？」此人語調仍很平靜。

「現在的？」小女孩一愣，想了想說：「沒有。」

「小朋友，過去的都已經過去了，一定要把握現在呀！」這人感慨地說。

小女孩和他父親聽了這一番話，覺得非常慚愧。

這就是驕傲和炫耀的負面作用，「小時了了，大未必佳」的故事在生活中每天都發生著，人們往往落入這種負面的心態。所以，我們需要藏心，我們需要藏住自己的成敗反應。

成功者的另一個常見心理狀態是傲慢。傲慢的心理根源是「自認為自己比對方好（強壯、富有、高貴……）」，這是一種極度的優越感，認為對方和自己完全沒有可比性，進而產生對對方的不屑。

當然，傲慢也會表現在肢體語言上，頭向後仰，下巴抬高。因為下巴抬高了，再睜大眼睛看對方會比較吃力，所以常常是上眼瞼順其自然地遮住一半眼球，擺出居高臨下的姿態（暗示著：「我不稀罕花力氣好好看你」）。傲慢的人，他的下巴抬起所指向的方向，往往就是他蔑視的對象。當然，還有更過分的，有可能會再配合一些搖頭晃腦或者半露犬齒的輕蔑表情。

1993 年，FBI 開始介入進一起黑社會之間的火拼當中。

當時，紐約最大的兩個黑社會組織開始了長時間的火拼。許多黑社會成員因此喪命，對社會治安造成了嚴重的破壞。為了平息這場鬥爭，FBI 決定「出面」解決。

若想平息爭鬥，就必須先搞清楚他們的爭鬥緣何而起。

很快，FBI 就在一張照片中找到了答案。照片中，兩個黑社會老大共處一室，但是其中一個的下巴明顯指向另一個。FBI 由此推斷，這場火拼很可能是因為其中一個黑社會老大對另一人的傲慢和不屑而產生的。

找到問題的根源之後，FBI 開始「指示」另一個已經被自己控制的黑社會老大出面調停這場爭鬥。果然，經過調停，兩方停止了鬥爭。

而在數年之後，FBI 又利用當年的這種傲慢，將兩個社會組織分別剿滅。

那些傲慢動作，往往會引起人們的反感，因此，我們在生活中應該盡量避免做出這樣的動作。一旦讓別人觀察到你有這樣的反應，即便你是無心的，也很容易被別人理解為傲慢和不屑。如果是對著上級、長輩或者其他應該尊重的人，出現傲慢反應，恐怕最終受損的那個人就是自己。

成功要低調慶賀？！

　　有時候，一個人之所以生氣，是因為他心虛。比如，一個虛偽的人，在別人識破他的虛偽之後，會勃然大怒：「我從來沒有做過那樣的事情，你們不要污蔑好人。」他似乎不明白，生氣並不能成為一個人掩飾自己心虛的辦法。一個人想要真正的藏心，還是應該虛心而不是心虛。

　　關於虛心與心虛，成功學大師卡內基（Dale Carnegie, 1888.11.24－1955.11.1）曾經做過很好的詮釋，他說：「成功的人往往都很低調，因為他們自信，所以選擇虛心；只有失敗的人才去張揚，因為心虛，所以需要靠搞掉對方來掩飾。」

　　這句話揭示了一個道理：越是外表看起來張牙舞爪的人，他們的內在其實越不足。而那些看起來「與世無爭」的虛心者才是真正強大的成功者。

　　虛心的人自信自己的所作所為，所以往往都很低調，而心虛的人往往內心有鬼，所以總是靠張揚來掩飾內心的慌張，結果往往適得其反，更加顯示了他的不安。

　　名震世界的警探基德，在完成了一項重大任務後榮譽歸來，警局所有人都為他大為讚頌。此時，如果他想要借此來炫耀自己的自傲的話，實在是一個好機會！而且沒人敢對此指手畫腳。因為經過一番艱苦的努力之後，他將敵方的情報系統幾乎全部毀掉，勝利屬於他。

　　回國之後，審問敵方最高長官的任務還是交給了基德做。

　　在審問中，敵方的那位長官衣冠楚楚，但是基德穿的卻是滿

身污漬的旅行服。由於他來得匆忙，沒有穿制服，所以只好和一個下屬借了一身制服。

從外表上來看，失敗者似乎更加「理直氣壯」，而作為成功者的基德卻更顯得低調。但是他能夠在面對失敗的對方首領時，不去驕傲地炫耀自己，而是謙虛地接受對方的投降，甚至用欣賞的眼光發掘對方的優點，這正是他為人的成功所在。

可以說，古今中外的成功人士都有一個顯著的共通性 ── 那就是懂得虛心，他們一般都很謙恭。其實他們有資本去驕傲，因為他們的成就自然會替他們宣揚。但是，他們都是選擇虛心走自己的路，謙卑而柔韌的實現自己的理想。

因為他們都懂得，如果你對自己能否取得成就，或者能取得多大的成就還有所懷疑，也還不知能否得到他人稱讚的時候就開始自吹自擂，那其實就是在吹牛；如果一個人真正值得大家去稱讚，那就根本沒有必要去自大，否則就是淺薄了。而一個淺薄的人是根本不可能取得成功的，也是根本不值得受人尊敬的。

美國上議院議員迪普，為人謙虛正直，面對升職仍能保持清醒的頭腦，而不驕傲自滿。

下議院的一個老僕人曾經這樣對別人說起迪普，他說他在下議院裡幹了三十多年，見過形形色色的人，但是還沒見過像迪普這樣，即使從一個議員一下子當了部長，也絲毫沒有改變自己說話的態度和語氣，他從來沒有見過。

事實上迪普本人也極其反感他人的誇大讚揚。當他讓出議長之職以擁護林肯政府時，一般人看來，他應該受到何等熱烈的歡呼和稱讚，而他卻低調的否認一切，而且善意地批評了別人對他

的誇大讚揚。那時雖然迪普還很年輕，頭腦卻很清醒，他懂得謙虛的道理，所以並不因為別人對他誇張的稱讚而自高自大。

迪普不僅僅是一個虛心的人，甚至會對別人的誇獎「避之不及」，這既是一種境界，也是一種生活的智慧。虛心的人在眾人面前似乎總是不如心虛的人那樣盛氣凌人，但是他們贏得的卻是更多人的尊敬和最終的成功。孰輕孰重，相信所有人都一目了然。

做人不是演電影，不是為了贏得滿堂喝彩的表演，而是時時刻刻分析情況，在每一回合上不求多得分，只求不失分，如此下去，則必定獲勝。因此，當你的羽翼尚未豐滿或是沒有必勝把握之時，不妨先隱藏一下自己的實力。

提及機械錶，瑞士錶是全球最為頂級的。瑞士錶之所以代表著極品，是因為鐘錶調整師的技術高超。調整師諳熟機械錶的性能，對調整機械錶的溫度差、姿勢差等整合，有著世界最高的技術水準。

鐘錶行業是全球含金量最高的行業之一，日本也企圖分一杯羹。然而，日本人深知自己的技術絕對達不到瑞士錶水準。不過，精明的日本人並沒有放棄，而是選擇了避其鋒芒。這其中，一家名為精工（SEIKO Watch Corporation）的鐘錶公司開始將目標轉向石英錶以期突破。

石英錶的運行機理是在石英上通入電流，使其發生伸縮性規律振動，然後將此振動以電氣的方法連接馬達來劃出時間。從振動的精確性而言，機械錶根本無法與石英錶相比。只要擁有耐震的能力，石英錶計時不受溫度等變化的影響，能達到非常精確的

程度。

但是日本人並沒有馬上就宣布自己在手錶上有了重大的突破，他們在等待一個機會。在這個機會來臨之前，瑞士錶依然占據著主流。

機會很快來了。在瑞士，有一項納沙泰爾（Neuchâtel）天文臺鐘錶比賽，實際上，雖然這是專門為弘揚瑞士錶的威名而設置的，但也是一場世界鐘錶行業的擂臺賽。當日本人把他們的精工錶拿來比賽時，十五塊石英錶通通都排到了瑞士錶的前面，這樣的比賽結果對瑞士人來說就好似當頭挨了一悶棍，久久無法回過神來。

瑞士廠商在沉重的打擊下憂心忡忡，坐立不安，直到第二年才把得分表寄往日本，同時不公開名次，並宣布從此停辦納沙泰爾天文臺的鐘錶競賽。

就這樣，風靡了數百年的瑞士錶，在石英錶領域栽了大跟斗。從那以後，日本精工鐘錶公司又開發出了「大眾化、小型化」的石英錶，使其為多數人所接受，在市場上站穩了腳步。如今，「精工」已成為享譽世界的著名商標，是全球聞名的大鐘錶生產公司。

對於強者，我們都有這樣一種感覺 —— 他們在未發跡之前都顯得非常平常，他們都是善於沉默的，但是一旦發跡，就勢不可擋。這正是因為他們善於隱藏自己的實力，把自己的鋒芒隱藏起來，掌握一種外圓內方、綿裡藏針的處事技巧，這反而會讓人更加無法攻擊。別人的攻擊因為沒有著力點而不能發揮作用，反之自己只需輕輕一擊，就可以令競爭對手受到重創。

退一步講，即使不是那些成功人士，絕大多數的領導階層也

都懂得這個道理。因為在如今的社會中，幾乎一切都講究合作，尤其是在企業和團隊組織裡面，很多事情都需要不同專長的人員一起合作才能達成目標。

換句話說，鋒芒過露，這絕不是一個成熟商界人士應有的行為。這麼做，不但會損害別人的自尊，還可能會破壞自己已經有的優勢。因為鋒芒畢露時間長了，自然就會引起一些人的嫉妒，會給你增加一些障礙。

深藏不露是智謀，過分的張揚自己，就會歷經更多的風吹雨打，暴露在外的屋椽自然會先腐爛。一個人在社會上如果不合時宜地過分張揚、賣弄，那麼不管多麼優秀，都難免會遭到明槍暗箭的打擊。時常有人稍有名氣就到處洋洋得意地自誇，喜歡被別人奉承，這些人遲早會吃虧的。所以在處於被動境地時一定要學會藏鋒斂跡、裝憨賣乖，千萬不要把自己變成對方射擊的靶子。

盛名之下，其實難負。在積極求取巔峰期的時候，不妨思及顏之推的人生態度：明瞭知足常樂的情趣，捕捉中庸之道的精義，稍稍使生活步調快慢均衡，才不易陷入過度偏激的生活陷阱之中。

縱使你才華橫溢，也要一步步向上攀。如果你顯露張狂的鋒芒，企圖一步登天，那麼，你將摔得更加慘重。強者懂得如何把握自己，懂得不斷修整自己的做人處事技巧；所以，凡事不要那麼鋒芒畢露、咄咄逼人，真正的強者不需要別人的惦記。

▌別怕犯錯

　　凱文・科斯納是美國著名影星，但是沒有幾個人記得他還出演過電影《水世界》（*Waterworld*, 1995）；湯姆・漢克斯是奧斯卡影帝，但是也沒有多少人知道他還是《跳火山的人》（*Joe Versus The Volcano*, 1990）的主角。

　　那些電影之所以被人忘記，是因為它們都是「失敗」的作品。但是電影中的兩位演員，卻沒有因為暫時的失敗而沉淪下去，最終他們成為了偉大的演員之一。

　　事實上，在所有的行業中，就算是那些最成功的人，其「錯誤」的時候也要比「正確」的時候更多。

　　只有平庸的人才從不犯錯，因為他們不敢選擇，不去行動，自然沒有犯錯的機會。更為關鍵的是，平庸之人會因為一次失敗而煩躁不已，所以他們不敢面對挫折，更不會承認錯誤；他們認為這樣就可以藏住自己那顆脆弱的心，殊不知，如此行事只會讓他們的懦弱和無能暴露在每一個人面前。

　　對於真正的成功者而言，承認自己的錯誤是他們走向輝煌的開端，他們不會刻意隱藏自己的錯誤。正因如此，他們在失敗之後才顯得鎮定從容，別人休想從他們身上看到一點受挫之後的低落。這才是真正的藏心高手！

　　1988 年，FBI 資深探員魏特曼（Robert "Bob" Wittman, 1959.2.3 -）開始從事藝術品偵探工作。就在同年，費城賓州大學博物館的「鎮館之寶」── 一個非常巨大的水晶球被盜走。這個水晶球是當年慈禧太后所珍愛的寶物，歷經三十年水磨而成，比足球略大、籃球略小，二十公斤重，是世界第二大水

晶球。

　　竊案發生後，FBI 將偵破工作交給了魏特曼。魏特曼在接手了這個任務之後，開始了長時間的調查。

　　但是，搜尋水晶球的工作進展得非常不順利。魏特曼曾經幾度認為自己離真相已經越來越近了，但是最後才發現，自己所有的推斷都是錯誤的，只好從頭再來。直到水晶球被偷三年後的 1991 年，魏特曼才找到那個水晶球。

　　雖然魏特曼經歷了多次失敗，但是他依舊充滿了激情。他的這種特質被 FBI 高層看在眼裡記在心裡，最後，FBI 還出資讓他參加與藝術品相關的培訓。

　　案例中的魏特曼耗時三年，歷盡失敗，才最終獲得了成功。我們可以想像，在這三年中他曾經犯過多少錯誤，走過多少彎路，但是他始終沒有氣餒或是變得煩躁不安，所以才能受到重用。

　　柯南·道爾筆下的著名偵探福爾摩斯就是一個樂於出錯的人。當事實證明他的嘗試和推斷結果與事實相去甚遠時，他從不覺得窘迫和難堪，更不會由於灰心喪氣而心煩意亂。他總是對自己的錯誤一笑置之，然後很快集中精神，向真相邁進。

　　愛迪生的妻子也曾經說過：「愛迪生總喜歡用排除法去實驗，為了一個燈泡，他實驗了三年之久，都失敗了。但是他總是自言自語地說：『不，我不會洩氣，因為每拋棄一種錯誤的嘗試，就讓我又向前邁了一步。』」

　　你看，凡是能成大事的人，都有不懼失敗的精神。那你為什麼就不能在失敗面前表現得淡定一些呢？你在心中告訴自己，過失錯不在你，這樣一來，你就能坦率地承認它們，利用從中能找

到一切可用的回饋資訊，調整前進路線，持續向前。

　　當然，我們不能否認，當一個人竭盡全力去做一件事，最後卻沒能得到應有的回報時，心中自然會有些許的失落和惆悵。但是，你完全沒有必要將自己的這種情緒表達出來。因為所有的情緒都有這樣一個特點——「你越是表達，那麼情緒將越激烈」。所以，即便是在失敗面前有所不甘，你也要學著去藏住自己的成敗反應，這是藏心的重要內容。

▎找尋能安定情緒的小動作

你是否在遇到有人插隊或是遭同事算計時會暴跳如雷、情緒失控？這些情況會讓你在別人面前暴露自己的情緒，所以，人有必要克制自己因為某些突發事件而導致的情緒失控。這也是藏心術的主旨所在。

本篇，我們將介紹一下用某些特定的小動作去控制自己的情緒。或許你會認為，在情緒激動的時候，是非常難控制的，要想透過某些小動作去控制更是不可能的。那麼，先讓我們用一個故事來證明：小動作確實可以控制情緒。

在納瓦羅小時候，他的祖母險些被一輛車撞上。在那個瞬間，他的祖母用手捂住了自己的脖子。一次，祖母在給家人講述事件經過的時候，又一次做出了同樣的動作。這個小動作引起了納瓦羅的注意，在之後的觀察中，他發現許多人在情緒激動的時候都會做出相同的動作，似乎那樣就可以緩解自己的激動情緒。

之後，他才從自己的老師那裡得知，用手指揉擦頸背部，或者捏起下巴以下、喉結以上的皮肉 —— 這個部位含有豐富的神經末梢，按摩之後能夠舒緩血壓、降低心率，發揮鎮靜的作用。

進入 FBI 當探員以後，納瓦羅發現了這些行為的應用價值。

1996 年，納瓦羅第一次被 FBI 總部派到一個劫持犯罪的現場，去執行狙擊任務。這是一個非常危險的工作，一個失誤就會造成不可挽回的損失。

而首次執行這樣的任務讓納瓦羅感到非常緊張。這時他想起了祖母曾經做的那個動作，於是便開始按摩自己的頸部。過了一

會兒，他發現自己的心跳趨於平穩，手也不抖了，這對於他來說是極大的安慰。最終，納瓦羅順利地完成了任務。

在這個案例中，我們提到一個可以安定情緒的小動作——按摩自己的頸部。這個動作其實在生活中非常常見，很多人在感到緊張或是煩躁的時候，都有這樣的習慣。

相對而言，男人在做這個動作時幅度更大一些，喜歡抓住或者捂住下巴以下的頸前部，刺激迷走神經和頸動脈竇，從而降低心率和鎮靜情緒。

女性除了按摩頸部之外，有時也會縷一縷自己的頭髮，這些動作其實都是為了緩解自己的緊張情緒。

除了按摩頸部之外，還有一些動作能夠緩解緊張的情緒。比如，平時用非慣用手做攪拌咖啡、使用滑鼠或開門等小動作，也許可助你控制情緒，練習兩週就能見效。所謂的使用非慣用手，就是「左撇子」用右手做事，「右撇子」用左手做事。

關於這個緩解情緒的小動作，是澳大利亞新南威爾斯大學心理學家在研究如何自我控制時的一個新發現。實驗表明，使用滑鼠、攪拌咖啡、開門……這些動作人們通常用右手去做，而用左手去做這些事情可以很好地控制自己的情緒。其實人的意識中存在著本能般的「戰鬥或逃跑反應」（Fight-or-flight response）。這是人類在遭遇緊張壓力時，交感神經的興奮反應。「戰鬥或逃跑反應」會造成一系列生理和心理變化，例如心率加快、攻擊性增強。

犯罪學家和社會學家一般都認為，人容易在「機緣巧合」以及自我控制力差的時候實施暴力犯罪。因為那些都是「行事衝動」的結果。

　　研究還發現，人被迫自我控制情緒一段時間後，其攻擊性反而增強。練習自我控制和提高高爾夫球球技或鋼琴琴藝沒什麼不同，訓練自己使用非慣用手如同練習自我克制，例如：禮貌待人。

　　研究員亦表示最有趣的發現是：如果你給易衝動的人展示自控能力的機會，他們會變得不那麼具有攻擊性。易衝動的人並非不願意自我控制，而是不善於自我控制。掃描和監測易衝動人士大腦的結果顯示，受到侮辱時，他們大腦中與攻擊性有關的區域比不易衝動的人更為活躍。

　　研究結果表明，存在著簡單易行的方法可以幫助容易衝動或具有暴力傾向的人自我控制，即便是那些性格不溫和的人，也可以按照簡單訓練改善態度。

　　學會使用這些小動作，人就可以在某種程度上控制自己的情緒，以做到更好的藏心。

懂人，從自我認同開始

不管是占有慾，還是控制慾，其實思想根源就在於人的內心缺乏自信，缺乏安全感，自我認同不夠。

一個人如果有足夠的自信，有自我認同感的話，就不會刻意的追求領域感和對其他人的控制，因為他們相信自己本身就能夠應對眼前的事物。

其實，自我認同和認同別人所秉持的標準是一致的。我們在認識別人的時候，貴在能設身處地地為別人著想；同樣，當我們自我認識的時候，最難得的就是站在別人的角度，以客觀而非主觀的心態看待自己。

假如有這樣一個人，他在與世隔絕的環境下長大成人，從來沒有與其他人接觸過，那麼他就不可能以客觀的角度去自我觀察，也不可能對自己的特質、情感和行為有客觀的認識。

那麼，自我認同和藏心術有什麼關係呢？我們所強調的「藏心」，不僅僅是外在的掩飾，更是一種心理上的自我控制和自我修正，而自我認識，正是自我控制和自我修正的最大前提。如果一個人連自己所作所為的對錯是非都搞不清楚，那麼又何談自我認識和自我修正？所以，我們才刻意強調自我認同的作用。

一個人如果沒有自我認同，最直接的後果，就是迷失自己，因此可能導致的最嚴重的結果就是患上精神分裂症。

有一個女孩的父母都不在家，和她一起待在家的只有一隻小狗。半夜，女孩突然聽到天花板傳來滴水聲。她非常害怕，為了緩解自己的緊張，她把手伸向床邊，讓愛犬舔了舔自己的手，這

才安心睡著了。第二天清晨，女孩家的小狗被吊到了天花板上，但昨晚小狗不是一直在舔她的手嗎？

這是 FBI 的真實案例。

實情是沒有任何外來者的侵入，其實女孩是患有解離性多重人格分裂症。

當晚的真實情況是這樣的 —— 當晚，小狗吠個不停，還去舔女孩的手。之後，女孩的另一個暴躁狂人格覺醒。她不堪小狗的吠叫聲而用書桌上的利剪把小狗刺死，再站在書桌上用窗簾的繩子把小狗屍體吊在天花板的吊燈上，並用剪刀割破喉嚨放血，然後爬回床上聽著滴滴答答的滴血聲沉沉睡去。

但是為何她事後會覺得聽到滴水聲，又感受到小狗舔她的手？估計這是兩種人格交換時造成的錯覺，又或是女孩的整體潛意識不想純真的女孩人格對兇殘人格有所認知，所以把腦海中的記憶印象重新編序。

這個故事還沒有結束……

一星期後，女孩的父母從外地回來。就在他們回家的當天晚上，便雙雙在熟睡中遭刺殺而死，而行兇者正是那個女孩。

事後經過精神科專家的研究和警探的調查，終於得知了事件的起因：原來，女孩的父親並不是她親生父親，而是其母改嫁後的繼父。這個繼父對女孩非常不友善，他總是用惡毒的語言責罵女孩：「你這個惡魔，遲早會是一個殺人犯。」而且這個男人還經常性侵女孩。久而久之，女孩開始精神分裂，果然出現了一個惡魔型的人格。而且對父母充滿了仇恨，因此才會釀成慘劇。

女孩現在被收押於一所高度設防的精神病醫院裡。而且，女孩的病愈來愈嚴重，已經分裂出十七種不同的人格，其中有男有女，包括各種職業。女孩的本體純真人格到現在還深信小狗和父

母是被半夜潛入的外來賊匪殺死的⋯⋯

這個案例中的女孩，因為繼父長期的折磨和灌輸錯誤的自我認識，所以導致精神分裂。由於女孩還小，所以不能有正確的自我認識，這也是沒有辦法的事情。但是作為一個成年人，我們必須要學會獨立培養自我認識。只有知道自己是個什麼樣的人，有什麼樣的特長和缺點，人在做事情的時候才會顯得更專注 ── 包括藏心。

古希臘帕那索斯山的阿波羅神廟有一塊石碑，刻著這樣一句箴言：「認識你自己。」盧梭稱這一碑銘：「比倫理學家們的一切鉅著都更為重要、更為深奧。」

正確認識自己，對於個人的成長進步和工作生活具有重要的作用和意義。正確認識自己是改造自己的前提，看到自己的不足，才能增強自我改造的自覺性和緊迫感，產生自我改造的內在動力。太多人希望自己總能夠解決所有問題，總能充當「贏家」的角色，但是卻沒有想過：自己有沒有贏的實力？

所以說，要想贏，先別去想輸贏勝負，而是先考慮一下自己到底有哪些贏的資本，或是想一想自己要贏在什麼地方。這就是我們所說的認識自己。

只有正確地認識了自己，才能熟稔於長短，長而發揚、短而收斂，做到不卑不亢，自信而不失容納之懷。

事實上任何人都非完美，每一個人的性格中都有各式各樣的缺陷，但是這並不妨礙你走向成功。最重要的是，必須能夠認識自己的缺點，然後加以改正，走向相對完美的決心。認識自己在有時候其實就是自己和自己較勁的過程。人往往都自視甚高，在認識自己的過程中，會不斷打破原來主觀化、理想化的自我認

識，建立更客觀的個人價值評定。

人首先應該給自己一個定位，自己到這個世界上來究竟是幹什麼的，必須有個十分清晰的理解。離開了這個理解，人就會迷茫，就會失去前進的方向，就會在一個個十字路口徘徊，這樣的人生是沒有意義的。只有當你對自己有足夠的瞭解、知道了自己的長處與短處的時候，你才會懂得揚長避短，就不會用自己的短處去和人家的長處相撞擊，也不會為本來就不可能成功的事情發愁、怨恨自己，而這一切的修煉都離不開淡定的處事原則。

有自我定位的人，是最難能可貴的。人需要有自知之明，自知而自立。人人都希望進步，成就一番事業。沒有自我定位，就難於明是非、辯立場、分得失，就會身在錯中不知錯，身在弱中不知弱，就會安於現狀、庸庸碌碌、渾渾噩噩而不思進取、遊戲人生。反之，一旦認識了自己，有了準確的定位，便能瞄準自身的薄弱環節，奮發改進，有所作為。

自我認識還有一個好處，就是能夠幫助自己設身處地地為別人著想。因為我們有足夠的自我認識，所以能這樣思考：如果我是他，在他的處境中會有什麼表現，以此來檢查自己的感情和行為，琢磨自己應該如何表現。

我們假定自己站在旁觀者的角度來看待自己的行為，並且盡力想像這種行為會對我們產生什麼影響。某種程度上這是我們能用別人的眼光來檢查自己的行為是否合適的唯一途徑。如果這種觀察讓我們感到高興，我們可以毫不在乎別人的讚揚，不把世人的指責放在眼裡；無論受到怎樣的誤解或扭曲，我們都自信理應得到別人的稱讚。

▍怨恨是心靈毒藥

在遭到失敗之後，我們會本能的給自己找一些「藉口」，拿社會、制度、生活、機會、運氣、老闆、配偶當作出氣筒。

如果一個人被這種心態所控制，就會對別人的成功和幸福心存反感，而認為生活和命運總是對自己不公。這樣的人，特別容易生活在怨恨和自暴自棄中。

怨恨是人的一種心理嘗試，是一個人企圖把自己的失敗解釋成不公正待遇，從而讓自己心安理得。如果想要用怨恨去「治療」失敗後的低落心情，就像是給一個受了輕傷的人注射毒品，雖然能暫時消解疼痛，但是帶來的副作用要比眼前的病情更嚴重。

怨恨是一種對心靈的致命性「毒藥」，它斷絕了你獲得快樂的機會。而且，怨恨本身需要消耗龐大的精神。失敗之後，與其花費精力去怨恨，還不如把那些精力用在東山再起上，說不定你就能夠獲得成功。

由於有前科者再犯率越來越高，所以美國政府委派 FBI 相關專家去探求其中的原因。

經過一番調查，專家發現，那些再犯人，心中往往充滿怨恨。當一個人被關進監獄之後，如果他的怨恨情緒沒有一點點改變，那麼這個人再犯罪的機率就非常高，他們通常都會再次把自己送進監獄；而那些能夠自我反省、沒有怨恨情緒的人，在出獄後反倒更有自制力，更能在事業上有所成就。

最後，專家在提交的報告上寫了這樣一段話：「任何允許怨

恨情緒控制自己思想的人，都會將自己的潛力鎖在一個自己製造的監獄裡。判處絞刑的是他自己，擔任毫無同情心的陪審員是他自己，擔當監獄獄卒的還是他自己。所以，消除罪犯的怨恨，是杜絕再次犯罪的最好方法。」

怨恨是一條通往失敗的道路，許多人因為怨恨，所以永遠認識不到自己所犯的錯誤。而習慣性怨恨，特別容易導致自憐。自憐更是一種心靈上的毒藥。當一個人的怨恨根深蒂固的時候，就再也離不開它了。所以我們才把怨恨比作是「毒品」。有人說，有怨恨之心的人，只有在自己處於悲慘境地時才會感覺良好。

怨恨和自憐的情緒還會帶來一種認為自己無能、卑微的自我意象。有了它，你會把自己描繪成一個可憐蟲、一個犧牲品，而這種人註定不會幸福。

怨恨真正的罪魁禍首，不是別的人、別的事或別的環境，而是你自己。如果堅信怨恨和自憐不是通往幸福和成功的大道，而是通往失敗和不幸的道路，你就能控制它。

泰國有個企業家把所有的積蓄和銀行貸款全部投資在曼谷郊外一個擁有高爾夫球場的十五幢別墅裡。這本來是一筆好買賣，如果一切順利的話，這位企業家可能成為全泰國最有錢的富豪之一。然而世事無常，工程才剛完工，就遇上亞洲金融風暴，那些別墅一間都賣不出去。企業家一夜之間由極盛走向了極衰。

企業家的情緒從此低落。他時常會想起曾經的光輝歲月，也常感嘆：「如果不是天災人禍，現在也許是全泰國最有錢的人！」他喪失了鬥志，走向了沉淪。日子在壓抑和絕望中一天天度過。

有一天，他的妻子給他做好三明治，叫他來吃早餐。這位企業家從前錦衣玉食，小小的三明治自然是不放在眼裡。

他很隨意地拿起一塊三明治，放到嘴裡。突然，他覺得妻子做三明治的手藝著實了得，非常好吃。這位企業家感到非常高興，就對坐在一旁的妻子說：「親愛的，我從來沒想到，妳的廚藝這麼好，能娶到妳這麼一個妻子，也算我不枉此生了。」

企業家沒想到，妻子聽完這話突然間淚流滿面，哽咽著說：「從前你總是忙來忙去，很少在家裡吃飯。即使在家，也是傭人下廚。現在我能親手給你做三明治，你還這麼喜歡，真好！」

妻子的話就像扔在企業家心湖裡的一塊巨石，激起了層層波動，他突然間醒悟：「我為什麼天天如此消沉？就算我失去了財富和地位，失去了成為泰國首富的機會，我還有這麼好的妻子，還能吃到如此美味的三明治，我有什麼理由不幸福？」

看著旁邊因為自己一句誇獎便無比幸福的妻子，這個企業家突然感覺到，原來幸福如此簡單，它不在未來，也不在過去，就在眼前這點滴流逝的時光裡。

一瞬間，企業家釋然了，他覺得自己沉迷於追憶過去和憧憬未來是一件非常愚蠢的事情。現在的自己，所擁有的東西遠遠要比曾經失去的多，自己依然是幸福的。

人要是能把心結解開，就沒有什麼能夠阻擋他前進的腳步了。這個企業家向妻子提議：我們就開一家賣三明治的小店，從頭開始。

他的妻子非常支持企業家的想法，還建議丈夫要親自到街上叫賣。這個當初一呼百應的企業家非常快樂地答應這份「差事」。

在開了自己的三明治小店之後，企業家賺到了不少錢。雖然和從前比的話，這些錢不算什麼，但是他依舊每天快樂的和妻子

一起經營著自己的事業。

　　人必須要克制自己的怨恨之心，否則就不可能成為一個自力更生、獨立性強、能夠自我決定的人。

　　一個成功的人，他有主動追求的願望，他明白，這世界上沒人欠自己什麼；但是怨恨之心卻讓人覺得這世界對自己不公平，他們有各種理由說明這世界的不公平。

　　也許這些人說的也有些道理，但是要知道：世上沒有絕對的公平，人只有透過自身的努力去獲得公平。從出生時起，有些人就在充滿貧困的地方不公平地開始了艱難的生活，而另一些人則生活在繁華的都市；有些人會到某所年久失修的學校上學，而另一些人則到擁有各種現代化設施的學校就讀。這都是事實，不容改變。

　　所以，人必須需要接納自己，自強不息，而不是把怨恨寫在臉上，永遠做一個失敗者。

煩惱是自縛手腳

人的本性是天真自然，隨心所欲。但是，在現實生活中，我們卻常常把自己束縛在各種框架之中，金錢、地位、名譽……都可能將我們束縛。我們常常「人在江湖，身不由己」，因而產生了無端的煩惱。

人生最為寶貴的東西就是自由，但是如果成敗之心太強，就會將自己放置到一個「囚籠」裡。

FBI 探員凱特年輕又有才能，1994 年，他被派往阿富汗執行任務。臨行前，他的上級暗示他：如果他在未來幾年裡表現優異的話，會給他一個很好的職位。

為了能夠獲得晉升，凱特開始兢兢業業的工作，將自己的一切精力都用在了工作上面。但是，他發現，由於天天想著晉升，他開始變得躁動不安。這種心理非但讓他難以安寧，更讓他的工作效率變得十分低下。

過了一段時間，凱特發現自己已經沒有辦法用正常的心態面對自己的工作和生活了。

這時候，妻子對凱特說：「人生的第一目的並非獲得多麼驕人的成就，而是能夠自在的生活。你現在一心想著晉升，落入到如此的苦惱之中，即便獲得了晉升又有什麼意義呢？」

凱特聽後恍然大悟，他開始放下成敗之心，以平常心去面對自己的工作。果然，很快他就走出了心理的泥沼，重新做回了自己。

如果執著於身外之物的話，我們會將自己牢牢的束縛起來。一個被束縛著的人，根本沒有祕密可言，別人能夠輕易看穿他們的內心。一個善於藏心的人，首先應該是一個「自在」的人，只有當心靈無所束縛的時候，人才能隨心所欲地控制自己的情緒和感情。

我們必須想辦法從束縛中解脫。所謂「解鈴還需繫鈴人」，我們要想擺脫心靈上的束縛，還是需要自己的努力 —— 將自己囚禁於繭中的是自己，能讓你破繭而出的也是自己。

佛教中把束縛人的種種私慾看作是魔鬼，其中既包括內在的心魔，有貪愛、嫉妒、怨恨、妄想、煩惱、邪念等；也包括外在的外魔：金錢、愛情、權位、安逸等，甚至阻礙我們行善的親情也屬於外魔。這些心裡的魔鬼會在你不經意間控制你的言行，破壞你的良知，將你的良心束縛起來。這些「魔」不一定是醜陋的，他們可能「千嬌百媚」，引誘我們一步步走向陷阱，將我們牢牢地控制住。

人世間存在著積極向上的一面，也有見不得光的醜惡。我們藏心，就是要將我們心中負面的、甚至說是醜惡的東西壓制住。只有這樣，我們才能自由自在、不煩躁的生活。

一個人的奮鬥歷程，與其說是為了理想而努力，還不如說是為了擺脫某種束縛而努力。

假如我們出生在貧苦家庭，可能我們所有的努力只有一個目的，那就是擺脫貧困。因為貧困給我們帶來了太多的束縛，在貧困中生命得不到滿足，也得不到尊重；如果出生在安逸的家庭，人又要極力掙脫安逸的享受和不知進取的心靈，因為富有會束縛人的進取心。

生命的束縛和掙脫束縛的努力，使我們的生命變得厚重而

▌ 快樂的能力

　　現實生活中，有一種這樣的成功者 —— 他們得到了自己所想要的一切，卻從來沒有因此快樂過，他們總是在追求，卻找不到讓自己幸福的理由。長此以往，這些人便喪失了快樂的能力 —— 而一旦你失去了快樂的能力，財富或其他東西再多，也無法為你帶來成功或幸福 —— 這些人贏得了成功的「殼」，但撬開之後，裡面卻什麼也沒有。

　　我們不能做這樣的人，所以，我們需要藏住我們的「空虛之心」。

　　空虛其實是一種徵兆，意味著你的生活缺少一些創造性。你空虛的原因可能是因為沒有對你足夠重要的目標，也可能是因為你在努力追求某個重要目標時沒有使用自己的才華、沒有竭盡全力。

　　有些人沒有志向，於是他們會說：「人生沒有目標。」

　　而另一些人沒有值得追求的目標，於是總說：「人生不值得去奮鬥。」

　　一個失去了目標和生活樂趣的人，往往陷入到無盡的煩躁之中。而逃離這種煩躁，需要我們敢於去發現生活中的美好事物。

　　一位 FBI 行政人員被派到某個沙漠國家駐紮，他的妻子賽爾瑪和他一起前往。

　　沙漠中乾燥高熱，讓賽爾瑪感到非常難過。由於身邊沒有任何朋友，賽爾瑪感覺自己完全不能適應這裡的生活。她向自己的丈夫傾訴苦衷，丈夫只跟她說了一句話：「兩個人從牢中的鐵窗

望出去，一個看到泥土，一個卻看到了星星。」她聽到這番話後心頭一顫，決定要在沙漠中尋找星星。

從那以後，賽爾瑪的生活開始了改變。她和當地人積極的接觸，抽出時間來觀賞別有風味的沙漠風光。逐漸，她開始迷上了這裡，後來還嘗試寫作，出版了一本書籍。原本悲觀的她看到的只是泥土，當心態發生轉變後，樂觀積極的她重新找回了熱情，看到的就是星星。

故事中的賽爾瑪，面對同樣的生活，卻有著截然不同的心態。其原因，就是她克制了自己的煩躁情緒，所以才有精力在生活中尋找快樂。如果一個人的心被煩躁所控制，那麼他看到的一切都將失去色彩。

人和人之間的差異其實很小，成敗的關鍵在於是否擁有熱情積極的心態。兩個人，一個整天煩躁不已，另一個卻積極樂觀，那麼後者的人生一定會更順利。

成功人士的第一個標誌，就是他們具有熱情積極的心態，樂觀地面對人生，樂觀地接受挑戰；如果能夠做到這一點，那他就已經成功了一半。很多人在功成名就之前，也只是芸芸眾生中的一個。他們正是以熱情的心態全身心地投入工作，這才邂逅了幸運之神，登上事業的巔峰。

美國標準石油公司裡有一個非常普通的職員，叫做阿基勃特。這個人業績平平，在一般人眼裡，他沒有絲毫的過人之處。

但是，阿基勃特卻始終保持著一個習慣：每次出差住旅館時，都要在自己簽名的下方寫下「每桶四美元的標準石油」這幾個字，所以他被人稱作「四美元先生」。

　　這件事被洛克菲勒（John Davison Rockefeller, 1839.7.8 - 1937.5.23）知道了，他為阿基勃特的執著和敬業所感動，於是邀請阿基勃特共進晚餐。

　　從那以後，阿基勃特開始平步青雲，很快就成為公司的重要人物。洛克菲勒卸任後，將董事長的位置傳給了阿基勃特。

　　阿基勃特之所以成功，就是因為他有積極的態度。試想一下，如果阿基勃特對於自己枯燥的生活感到煩躁的話，他絕對不會有這樣的熱情，也絕對不會有以後的成就。

　　熱情，不是一種盲目的樂觀，而是一種生活的態度。

　　當一個人的心底充滿熱情之後，他的一切負面情緒都會得到抑制和消解。由此可見，充滿熱情地生活，是藏心術的一個訣竅。

　　我們每個人都會遇到磨難，關鍵在於你用怎樣的心態去面對。要麼你去控制自己的生命，要麼就是讓生命控制你。所以，你的心態往往決定著你的命運。

　　當我們在生活中不順心的時候，可以嘗試著改變思維方式，保持良好平和的心態。這種樂觀的心態會轉化成積極、自信的力量，幫助我們在枯燥、單調的工作中找到樂趣，生活自然會發生改觀。

▌ 豁達是一帖醫治得失心的良藥

　　成敗之心最直接的後果，就是讓我們患得患失，也就是人們所說的不夠豁達。

　　豁達是一種處世的境界，是一種智者的心態。豁達是一種寬容，恢宏大度，海納百川。豁達是一種博大的胸懷，是超然灑脫的態度。豁達之心，是醫治得失心的最佳良藥。

　　對於豁達的人而言，成敗得失都不足以影響一個人的心境。因此，他們淡定從容，也更善於藏心。

　　豁達的生活態度在古代被視為一種超脫的人生態度，備受推崇。但是在今天講究「叢林法則、弱肉強食」的世界裡，越來越多的人不再贊同這種生活態度，認為「不計較得失、不在乎輸贏」的豁達態度不是當今社會的生存之道。

　　這些人說的有些道理，的確，在當今社會上「競爭」是主旋律，人們都渴望成功，渴望贏得勝利。但是，豁達的心境難道在當今社會中真的沒有市場了嗎？不盡然！一個人如果有了豁達之心，別人便不能輕易看穿他的內心，更不會淪為別人手裡的棋子。這樣的人，遲早會取得成功。

　　20 世紀 50 年代，FBI 曾在某城市挖了一條祕密通道，為的就是竊聽某敵國的電話情報。為此，他們還把自己的線路接到了敵國的電話線上。

　　但是，讓 FBI 始料未及的是，一名間諜出賣了 FBI，並且把這件事全告訴了敵國。敵國非常聰明，他們不去揭穿美國的陰謀，而是讓美國繼續竊聽。其實，這些情報都是假的，都是敵國

魚目混珠的情報，根本沒有價值。等到美國人自以為竊取到了不可勝計的情報之後，敵國才毀壞了美國的地道，並且獲取了美國先進的間諜偵察系統。

這對 FBI 而言是個重大打擊。一時間，FBI 內許多探員的心理遭受到了重大的打擊，他們害怕因自己辦事不力受到處分。更重要的是，當他們看到自己苦心經營的設備落入敵手時，感到非常傷心。很多人因此一蹶不振。

時任 FBI 局長的胡佛（John Edgar Hoover, 1895. 1.1 - 1972.5.2），意識到如果讓這種煩躁情緒蔓延下去的話，會大大地影響探員的辦事效率。於是，他對相關人員說：「失敗是暫時，我們不必掛懷，接下來還有很多工作等著我們。我要你們忘記以前的失敗，振作起來。而且我保證，沒有人會因此事受到處分。」

從那以後，FBI 探員總算是再次打起了精神。

故事中的胡佛，就是一個豁達的人，所以他才能帶領自己的團隊走出挫折；而那些不豁達的人，則會被成敗反應徹底擊倒。不夠豁達，讓人在輸輸贏贏的名利舞臺中迷失了自己，最終徹底失敗。豁達一點，就能夠勇敢地面對輸贏，能夠有捲土重來的勇氣，最後未嘗不會再獲成功。這樣看來，豁達之人到底還是贏家。

北宋文壇盟主蘇軾的一生就是「豁達」二字的真實寫照。

蘇軾一生多次被貶謫，可謂是處處不得志。就像蘇軾自己在《自題金山畫像》中說的那樣：「問汝平生功業，黃州惠州儋州。」但是在面對生活中的逆境時，蘇軾並沒有消極墮落，相

反，他以一種豁達超然的態度面對種種不幸。

被貶黃州期間，他「歸去，也無風雨也無晴」；被貶海南島期間，他「日啖荔枝三百顆，不辭長作嶺南人」；被貶密州期間，他「會挽雕弓如滿月，西北望，射天狼」。他的貶謫生活其實異常艱苦，即使是這樣，蘇軾仍然懂得以豁然的心態面對這一切。他發明美食，創作音樂，鑽研佛法，把酒填詞。蘇軾一生之中最好的文章大多是在這一段時間寫成的。

在面對困境時，蘇軾等豁達的人都有一個共同的思維特色，那就是：超然物外，趨利避害，保持情緒與心境的明亮與穩定。因為豁達的心境，蘇軾在重重艱險之中收穫了樂觀的人生，更收穫了文學上的成就。豁達就是這樣一種東西，它不會幫助你贏得某方面的成功，但是卻能在你失敗的時候給你打開另一扇通往成功的大門。

這也恰似哲人所言：「所謂幸福的人，是只記得自己一生中滿足之處的人；而所謂不幸的人，是只記得與此相反內容的人。」每個人定義的滿足與不滿足，並沒有太多的差異；幸福與不幸福相差的程度，卻會相當大。

豁達意味著風度、胸懷、氣質，意味著親和力、感召力和凝聚力。這些都是一個人成功的資本，而這些能力也能讓一個人最大限度地「藏心」。更為重要的是，豁達的心胸會讓你在「輸」的現實中看到「贏」的另一面。

我們的一生中需要為創造幸福快樂的生活而奔忙勞碌，這就不可避免地會遇到各種各樣不順心的事情。當別人在輕鬆中享受著豐厚的待遇，而你做著緊張忙碌的工作且待遇遠不如別人時，你要想到你在工作中鍛煉了才幹，在實踐中增長了智慧。真本領

是磨練出來的，真本領才是獲得幸福快樂生活最牢固的基石。

當生活中遭遇到種種不幸時，你要豁達，調整自己的心態。要想到在生活冷淡的同時，也會饋贈給你輕鬆和自由，要利用這份輕鬆和自由，清理一下自己心靈的原野，把因忙碌而荒蕪的土地開墾出來。

在現實生活中，因遭遇不際而另闢蹊徑，終成大器的不在少數。這就是充分發揮豁達心態的作用，把逆境變成生活的動力，幸福快樂就永遠屬於自己。

當生活賜予你幸福，當然就擁有了幸福，但是請記住 ──生活給你苦難時，一定要豁達面對，不要讓暫時的苦難成為你前進的阻礙。

STEP 4

自主

不盲目，養成獨立思考的習慣

　　我們都曾有當英雄的夢想，但是，命運讓我們做了一個平凡人。因此，我們漸漸學會了服從。而現在，我們將告訴大家一個真理 ─── 你有權利做出自己的選擇。

　　因為我們太過服從，所以別人能輕易瞭解我們下一步要做什麼；因為我們太過服從，所以我們暴露了自己的內心。我們將在接下來的文章裡告訴大家，如何做一個自主、自立、自動的人。

▎從眾反應

　　一般情況下，個人的行為通常有隨波逐流的趨向。這是因為一個人如果發現自己的言行和別人不一致，或與群體中大多數人有分歧時，就會自然而然產生心理上的壓力，只有服從「大多數」的時候，這種壓力才會消失，這就是我們所說的從眾反應。

　　從眾反應在現實生活中很容易被觀察到。比如，大街上有兩個人在吵架，本來是一件小事，但是卻吸引了一大堆人圍觀，結果被吸引來的人越來越多，最後連交通也被堵塞了。

　　美國社會心理學家曾經用這樣的一段文字來形容從眾反應：

　　人潮湧動的大街上，突然有一個人開始奔跑。也許是他突然想起不久後要和情人約會，便急不可待的想要跑到約會的場所。總之，他在大街上跑了起來，向東跑去。

　　在這個人開始奔跑之後，另一個人也開始奔跑，他是一個興致勃勃的報童；然後，一個身材微胖的紳士因為有急事，也開始向東奔跑。

　　在接下來的十分鐘之內，你會發現，大街上所有的人都開始奔跑。他們不知道自己因為什麼奔跑，只是看到別人都在跑，所以他確信：一定是有什麼值得逃跑的理由。

　　以上這個案例，雖然看起來有些誇張，但是在從眾心理的驅使下，這種場景是很可能發生的。從眾心理對人的影響是如此之大，大得超出你的想像。

　　由於從眾反應是一種比較普遍的社會心理和行為現象，我們

也不能完全否認從眾反應。在一定程度上，從眾反應有助於學習他人的智慧經驗，擴大視野，克服固執己見、盲目自信，修正自己的思維方式、減少不必要的煩惱如誤會等。

但是，一個人如果陷入盲目的從眾反應中，這時從眾反應的負面特點就會顯現出來：抑制個性發展，束縛思維，扼殺創造力，使人變得無主見和墨守成規。

1947 年 7 月 4 日，美國羅斯威爾發生了一些不平凡的事情。當時，一個不明飛行物從天而降，美國政府隨後命令 FBI 封鎖了現場。

在那之後，關於「羅斯威爾發現飛碟」的消息就傳了出去。FBI 根據調查發現，在當地至少有幾千人信誓旦旦地說：「我見過那架飛碟。」而事實上，這根本是不可能的，當時正是晚上，而且發生的地點是在荒郊野外，根本不可能有那麼多的目擊者。

FBI 專家分析說：「之所以有那麼多的人聲稱自己見過飛碟，一方面是有些人在胡亂編造事實，另一方面則是從眾反應在搗鬼。」專家最後無奈地說：「因為從眾反應，許多人成為了謊言的傳播者。」

正是因為從眾反應的不斷擴大，讓羅斯威爾神祕事件變得更加撲朔迷離。

近些年，經常會有這樣的事情發生：在眾目睽睽之下發生的意外災難，周圍的人都在充當觀眾，沒有一個人願意伸出援手。其實從心理學角度來講，這也是一種從眾反應。這種從眾反應讓社會職責分散化，由於第一個看到的人不願意伸出援手，所以越來越多的圍觀者都加入到了觀眾的行列中。

這就是從眾反應的負面性。作為一個有良知的人，我們一定要克制自己「從惡」的從眾反應。我們一定要知道：每個人都是與眾不同的，盲目的從眾將會讓自己失去特有的魅力。保持獨立的思想，融入大眾的群體，才是可取的人生態度。

　　正因為人的內心潛藏著從眾反應，所以有時候我們都會感覺「人在江湖，身不由己」。當你希望掩飾或是抑制自己心中的各種想法時，從眾反應就可能從中作梗，從而暴露你的內心想法。

　　要想克制自己心中的從眾反應，我們就要先搞清楚從眾反應產生的根源。

　　首先，在群體中，個體如果過於標新立異，往往會遭到群體內其他人的孤立。對於普通人來講，他會覺得：我的意見如果和大部分的人一致，就永遠不會犯錯。

　　其次，從眾反應還源於群體對個體所產生的無形壓力。一些個體雖然知道大多數的人是錯誤的，但是迫於這種壓力，他們還是會違心地選擇服從多數。

　　雖然每個人都有從眾反應，但是每個人從眾程度都不同。一般來說，女性更容易受到從眾反應的控制；另外性格內向、自卑感較深、教育程度低、社會閱歷淺的人，更容易受到從眾反應的影響。

　　而從眾反應的表現方式也有很多，工作中、生活中、學習中，我們都可以看到從眾反應對人的影響。我們瞭解人的從眾反應，並且在現實生活中避免自己陷入到盲目的從眾反應中是非常重要的。

▋獨立思考，不被別人牽著鼻子走

在現實生活中，有一些精明的商家，深諳從眾行為的門道，他們會利用消費者的從眾心理達到宣傳產品、獲取商業利潤的目的。他們透過廣告宣傳、公關活動、媒體報導等手段，在社會中引起轟動效應，激起群眾爭相傳播、議論、參與，從而將自己的商品炒熱，達到盈利的目的。

許多人會利用人的從眾心理給你設下圈套。你只有保持清醒的自我認識，才能避免上當，更好的「藏心」。

1983 年，FBI 探員路易斯奉命進入黑手黨內部臥底。

由於黑手黨規定只有西西里人才能在幫會中擔任重要職務，所以路易斯對外聲稱自己來自西西里。

為了當好一個西西里人，路易斯在這之前做足了功課，所以他的一舉一動都完全像是一個土生土長的西西里人。但是路易斯知道，對方對自己還是不夠信任，一定會想方設法試探自己。

在一次黑手黨的內部聚會上，當地的一名交際名媛出現在現場。當時許多人都驚歎於這位美女的美貌，紛紛豎起了大拇指。但是路易斯卻依稀記得：西西里人在誇讚別人美麗的時候，習慣性的動作應該是用食指在腮幫上轉兩下。而眼前的這些黑手黨人，他們毫無疑問都是西西里人，為什麼他們沒有做出這樣的動作？難道自己記錯了？當時路易斯的腦子在飛快地轉動：「是跟他們做同樣的動作，還是堅持按照自己所做的準備去做？」

在短暫的思考之後，路易斯最終克服了自己的從眾心理，做了一個標準的西西里人的手勢。

在做完這個手勢之後，路易斯看到在場的一位黑手黨教父朝他走來，伸出手對他說：「正式歡迎你，我的西西里朋友。」

從那以後，路易斯才真正打進了敵人內部。

在上面的這個案例中，FBI 探員路易斯克服了自己的從眾反應，所以才沒有落入敵人設下的圈套。這個故事告訴我們：有時候，你要堅持自己心中的正確想法，才能避免落入從眾心理的陷阱。只有這樣，你才能保持正確，讓自己變得「深藏不露」。

某位教授曾經做過這樣一個實驗，他對自己的學生說：「我請一位德國化學家展示他最近發明的某種揮發性液體，他將在明天的課堂上向大家展示。」

第二天，一個滿臉大鬍子的「德國化學家」來到了課堂上。這個「化學家」用沙啞的嗓音對學生們說：「我最近研究出了一種強烈揮發性液體，現在我要進行實驗，看要用多長時間能從講臺揮發到全教室。凡聞到一點味道的，馬上舉手，我要計算時間。」說著，他打開了瓶蓋……

過了沒有多久，前排的同學就舉起了手，然後後排的同學也紛紛舉手。不到兩分鐘，所有人都認為自己聞到了化學液體發出的特殊氣味。

就在此時，那個「化學家」拿掉了墨鏡，撤掉了自己的鬍子，原來他是本校的德語老師。他笑著說：「我這裡裝的是蒸餾水！」

其實，作為一個正常人，都生活在群體當中，那麼，周圍人們的意見對於自己不可能不產生影響。而且，有時候服從大多數

人的意志也確實有好處。但是，你也要清醒的認識到，從客觀上講，這個世界畢竟是「庸人」居多。所以你要想有所超越，一味的跟著別人的步伐前進，是不會成功的。周圍人的意見和想法，有時會動搖自己的抱負、意志和決心。

做人要有主見，要能夠理智支配自己的行為，不要讓別人牽著你的鼻子走。一個人如果失去了主見，那麼別人想要看穿你的內心就會變得很容易，再要想藏心就難上加難了。

一個人如果處處處於被動，就很容易被別人預測到你下一步要做什麼、心裡在想什麼。因為對方知道：你只會跟著大多數人的腳步前進，只要明白大多數人是怎麼想的，也就等於讀懂了你的內心。所以，我們想要藏心，就必須要有主見，而且要敢於說出自己的意見。

在生活中，我們往往失去了說話的勇氣。這樣一來，就會逐漸變成一個庸俗的人。別人能輕易看穿我們心中的「服從行為」，用各種手段控制我們、影響我們。如果一個人到了這步田地，還談何「城府」、談何「藏心」？

在 FBI 的新人培訓中，有一個重要的科目：「案例分析」。

FBI 的教官們會給新人提出一個案例，然後向他們詢問解決的辦法。FBI 教官發現，許多人會給出一個相同的解決方案。在這個時候，有些持不同意見的人，會逐漸變得動搖，開始否認自己的方案，而另一些人則會堅持自己的想法。

其中有個叫傑維斯的小夥子，他的方案雖然和其他同學的大不相同，但是他依舊堅持認為：自己的方案也許最能解決問題。

教官找到傑維斯，問他：「你為什麼會提出這樣一個與眾不同的方案？」

傑維斯回答說：「我想，雖然這只是一場實驗，但是我們還是應該把我們的對手想像成我們的敵人。對於我們而言，一個誰都可以想到的方案，敵人同樣也想得到，他們肯定會有針對我們的辦法。所以，我們這個工作需要我們和別人不一樣，需要我們有自己的主見。不能被人看穿我們在想什麼，不能被人牽著鼻子走。」

　　聽了傑維斯的這番話，教官知道，眼前的這個人並非嘩眾取寵之徒，他是一個真正有能力的人。

　　果然，在加入 FBI 之後短短數年，傑維斯就成為了一個「關鍵人物」，創造出許多驚人的佳績。

　　這個故事中，傑維斯的那番話對我們的「藏心」而言有很大的啟發意義。試想一下，你如果只會隨波逐流，只會按照一般的思維去解決問題，那麼你的對手，也肯定會想到你會那麼做，那你還有什麼祕密可言？從一開始，你就陷入了被動，想藏心那是不可能的。拿破崙曾經說過一句話：「不要做敵人想讓你做的事情，理由很簡單──因為是敵人想讓你那麼做。」

　　當我們缺乏主見的時候，內心的聲音就會微弱，失去說話權，不能很好地表達自己。對於有些人而言，其實他們心中不是沒有想法，而是沒有勇氣表達自己的想法。其實，對於自己有異議的觀點，你應該去提出有建設性、表示反對的意見，在尊重他人的前提下挑戰他們的意見，從而表達你的看法。

　　當然，在表達反對意見時我們也要注意方法。比如，你在對一個人提出反對意見的時候，應該多接觸對方的目光，這會讓你充滿勇氣，在別人眼裡你會顯得更加自信。

　　比如，在課堂上，那些用目光和老師交流的學生，即使他們

經常提出疑問，老師也非常喜歡他們，因為老師知道這樣的學生才是自信、勇於思考的可造之才。在說話的時候，要盡量避免使用也許、可能、會不會、如果、聽說等詞彙，多用我建議、我認為、我希望等乾淨俐落的詞語。這樣會讓你的話更有力量，而不顯得拖泥帶水。

總之，我們有必要透過一些手段來表達自己的主見，不能總是像綿羊一樣表示順從。只有勇於表達的人，敢於提出不同意見的人，才不會被別人一眼看穿，才是真正的藏心高手。

堅持自己，不屈於別人

　　在上世紀的印度，人們尊崇一位精神導師，他向人們提供精神的力量和東方的智慧，他用生命換來了別人的生存，這個人就是甘地。

　　甘地生前曾經進行過無數次的絕食抗爭，他的非暴力哲學讓英國人感到羞愧萬分，最終不得不離開印度。因為道義在壓迫者心中萌發了，逼得他們必須撤離。

　　為了達到和平抗爭的目的，甘地決心過苦行僧般的生活，他用絕食的方式來制止暴亂和殺戮，他支持工人罷工，反對一切苛刻的僱傭條件。甘地從不畏懼英國人，但他卻畏懼黑暗，他睡覺的床邊總是燈光長明，他對印度人民的聯合與統一充滿了信心和熱情。

　　甘地擔負起了把獨立的要求轉變成全國性群眾運動的職責，動員所有人與帝國主義展開鬥爭。甘地一生始終堅信一點：被動反抗和非暴力之路，在任何時候、任何情況下都是有效的。他的精神是充滿智慧的，是堅忍不拔的，是充滿同情心和活力的，他的智慧就是印度人民最強大的精神武器。

　　在多數人看來，一個人是否有力量，全在於他的性格和手段。那些性格溫和而從不採用暴力的人，有時會被人視為懦夫。然而，甘地卻改變了人們對力量的看法，他以溫和和非暴力著稱，始終堅持自己的信念，這種強大的意志力萌發出的氣場，讓他成了印度最有影響力的領袖。

　　這就是不屈服的力量！

　　不要抱怨成功太艱難，路途太坎坷，你需要是增強你的意志力，還有你的恆心。堅持不懈意味著有決心，當我們感到精疲力竭的時候，放棄和服從是最簡單的，也是看起來最好的選擇——然而成功者在此時卻必須忍住。他們的意志力是普通人難以想像的，甚至為了成功，他們可以選擇「一生只做一件事」。因為他們專注，所以沒有人能輕易打到他們，更不會有人能夠看透他們內心的強大力量。

　　杜雷德是一名 FBI 探員，和他一起進入 FBI 的「戰友」，在他這個年紀都已經獲得了巨大的成就，但是杜雷德卻一直沒有得到提升。原來，他把自己所有的精力都放在了一個曠日費時的重大案件上。這個案件不知道什麼時候才能結束。這就意味著，杜雷德不知道要什麼時候才有「出頭之日」。

　　朋友都對杜雷德說：「你應該換一個任務，這個任務做下去，恐怕你一輩子也只是個小小的探員了。」

　　就連杜雷德的敵人也發郵件給他，上面寫道：「你已經黏了我們十三年了，我佩服你的勇氣。可是，如果你再這樣無止盡的和我們糾纏下去，你將失去你最寶貴的一切。」

　　無論是朋友的好意規勸還是敵人的恐嚇威逼，都沒有讓杜雷德屈從。他依舊堅持著自己的任務。終於，又過了五年，杜雷德完成了那個幾乎不可能完成的任務。

　　每一種成功的背後，都有不為人知的心酸，但每一種成功也都有個共同的祕訣，那就是堅持。

　　有人曾經問過小提琴大師弗里茲·克萊斯勒（Fritz Kreisler, 1875.2.2 - 1962.1.29），為何他能演奏得這麼好，是不是運氣好？

弗里茲・克萊斯勒回答：「這一切都是練習的結果。如果我一個月沒有練習，觀眾可以聽出差別；如果我一週沒有練習，我的妻子可以聽出差別；如果我一天沒有練習，我自己能夠聽出差別。」

想讓自己像弗里茲・克萊斯勒一樣，用自身的實力和魅力感染更多的人嗎？那就堅持做好你該做的事吧！

在歷史的長河中，用畢生精力挖一口深井的人屢見不鮮：曹雪芹傾注畢生心血，終留傳世之作《紅樓夢》；魯迅先生棄醫從文，一生以文字作為和敵人對抗的匕首，針鋒相對；錢鐘書一生治學，終成當代華人少有的學貫中西的大家。

凡是有所作為的人，往往都是全神貫注、傾盡身心去追求既定的理想。淺嘗輒止，是挖不成一口深井的。這些道理誰都明白，更重要的只有少數人很快拿出了行動。所以，就從今天開始吧，拿出必要的行動，哪怕只是一小步。

其實，要想成功，就必須要專注而不放棄。很多人非常聰明，但是沒有耐性，也難以成功。可是有些看起來不太聰明的，卻因為能夠堅持，最後獲得了成功。

生活中有許多看起來匆匆忙忙，一日不得閒的大忙人，他們整天沒有休息一刻，但卻總也見不到任何顯著的成效。歸根究底，就是因為他們太容易放棄自己的底線和原則，做事都是淺嘗輒止，剛剛上手去做這件事，不久就被另外一件事吸引了注意力。到頭來只能像抓蝴蝶的小貓，仍然兩手空空。

淺嘗輒止的人可能一輩子都活在庸庸碌碌的繁忙中，這是因為他們沒有堅持、沒有耐性，這無疑是在「戲弄」自己的生命。人生極其短暫，我們每個人的精力與時間都是很有限的。我們應該緊緊把握住自己獨有的優勢和志在必得的方向，憑藉永不放棄的努力，執著而專注地做下去，這樣才能有所作為。

美國有一位貧困潦倒的年輕人，他窮得連一件比較好的衣服都買不起，然而在他心中，始終有著一個堅定的夢想：做演員、拍電影、當明星。

當時的好萊塢有五百多家電影公司，他根據自己計劃好的路線與排列好的名單順序，帶著自己寫的劇本，到這些公司去拜訪他們。但第一輪拜訪，五百家電影公司居然沒有一家願意聘用他。

百分之百的拒絕率，並沒有讓這位年輕人灰心。從最後一家拒絕他的電影公司出來以後，他重新回頭從第一家開始，繼續他第二輪的拜訪與自我推薦。

但不幸的是，在第二輪拜訪中，年輕人仍然遭到了五百次拒絕。

接下來，年輕人又孜孜不倦地開始了第三輪的拜訪，結果仍與第二輪相同。

這位年輕人咬牙開始他的第四輪行動。這回終於收到了一定的效果，當年輕人拜訪完第三百四十九家後，第三百五十家電影公司決定先把他的劇本拿來看一下。

就在那一刻，年輕人的命運開始改變了。幾天後，他獲得通知，電影公司請他前去詳細商談。就在這次談話結束之後，這家公司終於決定投資開拍這部電影，並請這位年輕人擔任男主角。

年輕人寫的這部電影名叫《洛基》(Rocky, 1976)，而他就是席維斯‧史特龍。現在所有人都知道《洛基》這部電影是好萊塢歷史上最優秀的電影之一，而史特龍則是整個好萊塢最知名的巨星之一。

那些出類拔萃的人，無論身處何種境地都不會輕言放棄，不

會向旁人的非議或是命運的坎坷低頭；或者忍受不幸，或者戰勝它，每個人的體內都蘊藏著驚人的韌性，只要把它挖掘並充分發揮出來，那麼，在前進的道路上就沒有克服不了的障礙和度不過去的難關。

▌自卑心的起因

有一句真理：人應該杜絕盲目的從眾反應，應該有自己的主見。為了能夠讓大家澈底克服服從心理，我們現在要敘述一下從眾反應最根本的一個心理因素 —— 自卑。

我們為了什麼懷疑自己而服從大多數人？我們為什麼在權威面前失去了主見？其實都是因為我們有自卑心理。

所謂自卑心理，一般是由於一個人存在生理缺陷或某些心理缺陷而產生的輕視自己的心理，認為自己不如別人。正因如此，人才會盲目服從別人。

多年前，FBI 曾經接手過一起殺人案。死者的名字叫做霍夫曼（Hofman），二十四歲，大學生。他在自己寢室裡中毒而死。當時，FBI 的首要任務就是要查明霍夫曼到底是自殺還是他殺。

那些認識霍夫曼的人說：他很有人緣，也沒有什麼仇敵。想不到有誰會對這樣一個人下毒手。

FBI 探員在調查線索時，找到了霍夫曼的一個日記本，上面寫道：儘管我的名字中只有一個「F」，但是老師卻總是把它拼成兩個「F」，我沒有辦法鼓起勇氣去糾正他，只能讓他在我上學期間一直把它拼成兩個「F」。

經過一番調查，FBI 探員進一步發現，霍夫曼是個敏感而害羞的男孩，因為長得醜、鼻子長，經常遭到嘲笑。

由此，FBI 探員得出了一個結論：霍夫曼是一個嚴重自卑的人，所以他表現出如此盲目的服從心態（任由老師叫錯名字）。

對於這樣的人來講，自殺的可能性要大一些。

接下來，FBI 探員就從自殺的角度去追查霍夫曼的死因。不久後，FBI 終於證實：霍夫曼確實是自殺身亡的。

從這個案例可以看出，自卑對一個人有非常大的負面影響。如果我們在做某事時，因為各方面的原因沒能取得成功，內心就會變得低落傷感。如果失敗的次數多了，就非常可能產生自卑。

自卑會導致孤立、離群、喪失自信心、缺乏榮譽感等。一個有自卑感的人，通常會顯得憂鬱、悲觀、孤僻。當自卑到了非常嚴重的地步時，人又會變得易怒、自欺欺人、敵視別人。但不管自卑是以哪種方式表達，都是很容易被他人所觀察到的。所以，自卑的人是很難藏心的。

如果想要克服自卑，就首先要搞清楚自卑的起因。通常情況下，人的自卑是由以下幾種情形造成的：

1. 首先是自我認識不足

有些人容易過分低估自己。這是因為，人們總是根據他人對自己的評價，或是自己與別人的對比來認識自己。生活中有很多人，總是習慣於拿自己的短處去和別人的長處相比較，越比越覺得自己不如別人，日積月累，自卑就產生了。

2. 其次是因為消極的自我暗示

我們在生活中會遇到各種問題，有些人在遇到問題之後，會想：「我一定有辦法搞定。」而有些人則不這樣想，他們會覺得自己沒有能力處理眼前的難題。這樣消極的自我暗示，會降低一個人的自信心，加重人的心理負擔。由於心理負擔大，所以他們在處理問題的時候更是難以發揮出自己的能力，所以經常會失

敗。由此，在這些人身上會產生這樣一個現象：越是怕失敗，越容易失敗；越是失敗，心裡越沒底，越害怕。久而久之，他們的自卑感就產生了。

3. 再次，有些人會因為遭受挫折而產生自卑

在現實生活中，有些人是越挫越勇，但是有些人則會因為暫時的失敗而一蹶不振。第二種人經常會因為失敗而產生自卑

4. 最後一種造成自卑的因素就是生理方面的不足。

如身材矮小、相貌不理想，都會讓有些人感到自卑。

以上是自卑心理的四種起源。據研究自卑心理，我們發現一個人在有了自卑心理之後，他心中的懦弱、恐懼等負面心態會被無限放大。這些心態都是導致一個人無法「藏心」的重要因素。因此，一個自卑感嚴重的人，肯定不善於藏心。

▌ 澈底消除自卑感

　　心中有自卑，人就不能做真正的自己，會跟隨別人的意願行動，而且內心始終充滿痛苦和消極。

　　本篇中，談到自卑的時候，我們不能再想著「掩飾」了，因為自卑感與領域感、恐懼感等負面心態不同，這是一種對於我們沒有任何好處的心態。而且，光靠掩飾，是藏不住自卑感的。更多時候，一個人越是想掩飾自卑，越是容易暴露自己的內心。有句話說：「看一個人自卑什麼，就看他掩飾什麼。」這句話就說出了自卑的本質。

　　FBI 第一任局長胡佛，是個非常有爭議的人物。

　　1955 年 9 月，《花花公子》雜誌上刊登了一篇探員上太空偵察的科幻故事，裡面將 FBI 局長描繪成一個半男半女的人物。胡佛在看到這個故事之後，勃然大怒：「這是對我們的污蔑，他們就是想抹黑我們 FBI 的形象。我一定要給他好看！」

　　胡佛叫來祕密員警部隊的探員對他們說：「你們要對《花花公子》進行仔細審讀，每期都不能放過。如果發現雜誌內容有侮辱、嘲弄 FBI 以及我本人的地方，你們一定要及時向我彙報。」

　　這幫祕密員警一下子成了《花花公子》的忠實讀者，他們每一期都看。皇天不負有心人，終於在 1963 年 2 月，發現了雜誌主編海夫納寫的一篇批評胡佛反情色的文章。祕密員警立刻把這個消息轉達到了胡佛那裡。

　　胡佛聽了這個消息，十分氣憤，他是一個從不容許別人得罪的人，於是他立刻下令探員去調查海夫納的背景。

許多人不理解,就因為一篇小小的文章,胡佛就對一個雜誌這麼不滿,似乎是完全沒有理由的。直到胡佛死後,他是一位同性戀者的祕密才開始公諸於世。這時,人們才知道,胡佛當年之所以對一個雜誌大動干戈,就是因為他內心因自己的性取向而感到自卑,而且又怕人識破這一切,所以才會那樣暴怒。

這個故事說明了一個真理,自卑不是你身居高位或是刻意隱瞞就藏得住的。所以,「藏心術」並不是教會大家如何藏住自己的自卑心理。關於自卑,我們只能控制和改正。若想趕走自己的自卑心態,我們要做到以下幾點:

1. 首先要客觀地認識自己,提高自我評價

人要善於挖掘自己的優點和長處,要學會肯定自己的成果。客觀地評價自己,其實和客觀地評價別人一樣重要。

我們不能否認自己的缺點和不足,但是更不能無視自己的優點和長處。你如果用善於發現的眼睛去看自己,你就會發現,其實你的身上有很多過人之處,完全沒有必要感到自卑。話說回來,即便你有這樣或那樣的缺點,但是人無完人,誰又能完美無缺呢?所以,你依舊沒有自卑的理由。

2. 人應該進行積極的自我暗示,自我鼓勵

無論在任何時候,你都該告訴自己:「我可以,我行!」而不是一碰到一點問題就馬上逃避、退步。只有這樣,你才能走出自卑心理的惡性循環。

3. 擺脫自卑心理,就應該學會積極地與他人交往

透過積極地與他人交往,就會感受他人的喜怒哀樂,心胸也

會變得開闊。可以向他人傾吐心聲，並瞭解他人的長短處，在比較中正確認識自己。尤其是有意識地加強和性格開朗、樂觀、豁達、尊重人、關心人的人交往，對於克服社交自卑感更有益處。

你有過成功的過去，這足以證明你的能力不比別人差。只要你正確地認識自己，坦誠地與老師和同學們交朋友，你一定能趕走自己的自卑。

自信要不卑不亢

「上交不諂，下交不瀆」，是孔夫子提出的一個重要的待人處世原則，意思是說，與高於自己的人交往，不要低聲下氣；與低於自己的人交往，不要高傲怠慢。

在孔夫子這條準則中，「上交不諂」其實說的就是克制人的服從行為。但是，這條準則雖然看起來容易做到，實際上卻不是那麼簡單的事情。

一次，蘇軾到莫干山遊玩，看到山上有一間廟宇，他想進去歇一會兒。

老道當時看蘇軾穿的衣服很樸實，看起來也沒有什麼過人之處，就非常輕慢地指了指椅子說：「坐。」然後吩咐道童：「茶。」

等到兩個人交談了一番之後，老道發現蘇軾談吐不凡，恐怕不是一般人，就把他引至大殿，有點客氣地說：「請坐。」同時向道童說：「敬茶。」

到最後，他終於發現眼前的這個人就是大文豪蘇軾，竟慌忙打躬作揖，把他讓進客廳，口中連連道：「請上坐。」然後吩咐道童說：「敬香茶。」

臨別時，老道請蘇軾題字留念，蘇軾便開了個小玩笑，寫下「坐，請坐，請上坐。茶，敬茶，敬香茶」的對聯以為諷刺，弄得這位老道很不好意思。

故事中的這個老道，其實就是典型的從眾反應受害者。他

之前沒有見過蘇軾，雖然見到蘇軾表現得比較冷淡才是應有的狀態；可是他卻因為別人都尊重蘇軾，自己便也對蘇軾尊重有加，這不是一件壞事，但確實是從眾反應的表現。

同時，我們還需要注意一個細節，那就是老道在知道蘇軾的真實身分之後，做了一個動作——「打躬作揖」。在心理學上，這個動作意味著示弱和服從。低頭聳肩，這樣的動作在古裝劇中我們經常會看到，臣子面見皇上時經常低著頭、哈著腰。而今在職場，下屬靠近自己的上司時，往往也會採取這種姿勢，這雖不如古裝戲那麼明顯，但仔細觀察還是能看得到。不難判斷，在這種情況下，做出這種動作是因為身分、地位與權力不如對方。

如果是身分、地位差不多時，做出這種動作，則意味著此人內心缺乏自信，並且不想引人注意。比如，當看到一群不太熟悉的同事在一邊談話，從他們旁邊經過的時候，我們都會怎樣做呢？

自信且愛表現的人會昂首挺胸地走過去，希望對方注意到他。如果對方沒有留意到，他也會主動打招呼；而不太自信的人則會不自主地縮緊脖子，努力讓自己顯得更弱小和不太引人注意，期望對方不要注意到他。

凱特有個十七歲的兒子名叫詹姆斯，是一個高中二年級的學生。詹姆斯身高一百七十八公分，身材魁梧強壯，外人都覺得他是個帥氣十足的男子漢。但凱特在跟詹姆斯的老師談話時卻說，兒子外表看上去高大威猛，但實際上是個羞澀的孩子，希望老師能配合自己幫助兒子樹立信心。

「咦，您為什麼這麼說呢？詹姆斯看起來很不錯啊。」老師一

臉驚訝地望著凱特。

「不是這樣的，這都是假象。住我們隔壁的鄰居是個心理學博士，好幾次我跟鄰居聊天，詹姆斯從旁邊經過都低著頭、聳著肩，不說一句話。鄰居問我詹姆斯是不是缺少自信，剛開始我還不以為意，後來慢慢觀察，我發覺鄰居說得沒錯。他外表很強壯，內心卻很自卑，希望老師能幫我讓孩子樹立自信心。」凱特語重心長地告訴老師。

案例中的這個男孩，就是因為他沒有自信的一個動作，讓心理學專家看出了他的內心。事實上，低頭聳肩這個動作，非常容易暴露一個人的內心。

在會議上，不想發言的人會在老闆用視線巡查時低下頭，為的是避免和他視線相交而引起他的注意；在生活中，相信我們大部分人都不願意在別人面前表現得弱勢——那麼，你千萬要注意自己的這個動作，否則，很容易讓人看穿你心中的沒有自信。

此外，低頭聳肩這一行為，也有示弱、潛意識中乞求憐憫、尋求自我保護的意思。

某公司老闆指著報表上的一個數字問會計：「妳覺得這個月的支出對嗎？」會計看了看，發現自己犯了一個根本的計算錯誤。老闆威嚴的神情讓她不由得聳起了雙肩，把頭深埋下去。她的這副姿勢讓老闆心軟了，於是說：「下次注意。」

女性大多性格溫柔而恭順，在遇到障礙、挫折，或者在尷尬的狀況下時就會做出低頭聳肩的姿勢，而且這樣的動作會使其顯得嬌弱，讓人不由得心生憐惜。

關於低頭聳肩的自我保護意味，你可以想想這樣的情形。比如，在你居住的社區裡一群孩子在踢球，當你走過他們的時候，突然聽到有人喊：「當心，看球。」即便你並沒有看到足球朝你飛過來，也會下意識地把頭低下，縮在兩肩之間。因為你希望用這樣的姿勢保護自己的頭部，以及柔弱的脖子和喉嚨，避免受到撞擊。

　　大部分人在潛意識裡都清楚這個動作的保護意味，所以當他們可能受到外界攻擊時就很容易做出這個動作。

　　低頭聳肩是一種自我保護，更是一種信心程度的表達。所以，如果是在交際或商務談判場合，要是你想展現信心十足的面貌，那麼就千萬不要做出低頭聳肩的動作，否則會讓你的形象大打折扣，想藏心更是難上加難。

STEP 5

矜持

不顯露，把喜怒哀樂放進口袋吧！

時下所講的矜持是什麼？
是理性對表情和身體語言的掌控。

我們要區別矜持與拘謹，二者內容相似，級別高下立見。打個比方，矜持是專家，拘謹是學徒。矜持是魚兒飲水，冷暖自知；拘謹是首次燒香，一步一跪。

矜持來源於對自己身分的敏感把握。因為對自己身分的警覺，唯恐不能應付自如的時候，理智便要出任策劃與導演，矜持便會粉墨登場，領銜主演。舉手投足之間，理智總要指導干預，以免演技拙劣、動作走樣，被人家看出破綻，從而丟人現眼。

▍羞怯是怎麼一回事？

　　人在某些情況下，容易感到羞怯。這是人之常情，但是往往會過早地暴露你心中的喜愛之情。所以，我們應該學會藏住自己的羞怯之情。

　　要想藏住羞怯，我們必須先搞清楚羞怯是從哪裡來的。

　　從心理學的角度來看：羞怯心理產生的原因，是由於神經活動過分敏感和後來形成的消極性自我防禦機制。通常情況下，那些內向或是有抑鬱氣質的人，在大庭廣眾之下不善於表達自己，所以才會顯得羞怯。

　　從根本上講，羞怯其實是一種心理防備機制。人之所以感到羞怯，是為了掩飾自己心中的某種情感。但是，大多數人似乎都能認識到羞怯所表達的意願，所以，羞怯其實恰恰暴露了你的內心。如果你想要變得矜持一點，就要學會隱藏自己的羞怯。

　　隱藏羞怯的第一步，就是接納羞怯。

　　很多羞怯的人想擺脫羞怯，但是越是想擺脫，反而表現得越羞怯。因此，要接納羞怯的表現，就要應該接納自己的羞怯，認識到羞怯是一種正常的心理，是每個人都會有的反應。只有你能正確認識羞怯，才能在羞怯來臨時不顯得那麼窘迫，將自己完全暴露出去。

　　FBI 探員珍妮原來是個非常害羞的人。在加入任務之後，她因為不能控制自己的害羞之情，所以遲遲不能進入工作狀態。

　　她也為自己的這種心態而困擾著。最後有一位前輩對她說：「羞怯是人之常情，如果你不能克制，不妨正視它，或許反倒會

克服自己的負面心態。」

　　珍妮在得到前輩的教導後，開始正視自己的這種心理特點。

　　一次，FBI 探員需要密切監視一個敵國間諜。為了不引起對方的注意，總部要求珍妮和另一個男性同事偽裝成一對情侶，潛伏在對方的周圍。

　　珍妮完美地完成了這次任務。他的上司讚揚她說：「珍妮，你不當演員太可惜了！你和同事假裝的情侶，簡直惟妙惟肖，連戀愛中的那種羞怯之情都非常傳神。」

　　那一刻，珍妮才知道，原來自己的這種性格，對於工作並不是完全沒有好處的。她開始正視自己的羞怯，再也不為此而感到苦惱了，並且逐漸克服了自己過分的羞怯。

　　除了正視羞怯之外，想要克服羞怯還得增強自信，因為羞怯的根源部分在於看不到自己的優點，總是認為自己無能，無法給別人留下好印象。實際上，任何人都有自己的長處和短處，只要學會欣賞自己，增加交往的勇氣，就會表現得更加出色，也會博得更多人的喜愛和肯定。如果一味地在意別人的看法，那就會限制了自己，使羞怯心理越來越嚴重。

　　許多成功的運動選手，他們之所以能夠達到一流的境界，除了他們本身高超的技術之外，其時也與他們的個性也有很大關係。不要小看個性的力量，就體育比賽而言，第一是對技術的考驗，除此之外，更關鍵的是對心理素質的考驗。在心理層面上，個性十足、自信滿滿的選手自然擁有更多優勢。

　　想要克服羞怯，還要多爭取鍛鍊機會。針對自己怕羞膽怯的心理，可以有計畫地採取一些訓練方法。例如，在大庭廣眾的場合，全神貫注地做自己的事情；多結交個性開朗、外向的朋友，

學習他們泰然自若的風度舉止。當出現不安時，可以不斷地給自己積極的暗示：「沒什麼可怕的。」

但是，克服羞怯的訓練方式只可循序漸進，應先在自己熟悉的環境中鍛鍊與人交往，然後再一步一步地增加情境的陌生性與難度。

把「喜怒哀樂」放進口袋裡吧！

　　人是情感動物，所以會有表情的波動，這是人和動物最大的區別。不過，有人控制情緒的功夫一流，他們喜怒不形於色，是藏心的高手；但也有人說哭就哭，說笑就笑，當然，說生氣就生氣！

　　那些情緒外露的人，表情也比較豐富。有人認為這是率真的表現，是一種很可愛的人格特質。這麼說也不是沒有道理，因為喜怒哀樂都表現在臉上的人，別人容易瞭解，也不會有戒心。而且，有情緒就發洩，不積壓在心裡，也是個不錯的排憂解悶的方法。

　　但現實生活中，那些所謂率真的人，太容易讓自己輕易暴露的情緒傷到別人，因此很難在複雜的人際關係中處於優勢。而且，如果喜怒哀樂表達太直接的話，有時會招來無端之禍，應該把喜怒哀樂放在口袋裡，學會藏心。

　　在我們的現實社會中，人們為了生存，會採取各種方法來接納力量、分享利益、打擊對手。在社會的歷練和打滾中，我們多多少少學會了一些察言觀色的能力，也就是所謂的讀心術。一些人會根據你的喜怒哀樂來調整和你相處的方式，並順著你的喜怒哀樂為自己謀取利益。因此，你的喜怒情緒很可能成為對方攻破你內心的一個突破點。所以，過分明顯的表達自己的感情，有時是對你自己的傷害；就算不是傷害，你也在不知不覺中，讓意志受到了別人的控制。

　　比如，如果你一聽別人的奉承，就表現出非常高興的神色，那麼對方就會知道：這個人喜歡奉承，那些別有用心的人便會以

奉承來向你接近，向你要求，甚至向你進行軟性的勒索。

再如，一聽到某類言語、或碰到某種類型的人就發怒的人，有心者便會故意製造這樣的言語、指使這種類型的人來激怒他，讓他在盛怒之下喪失理性，迷亂心智，失去風度。

一聽到某類悲慘的事或自己遭到什麼委屈，就滿臉哀傷，甚至傷心落淚的人，有心者瞭解他內心的脆弱面，便會以種種手段來博取他的同情心，或是故意打擊他情感的脆弱處，以達到目的。

FBI 探員在辦案時，就經常利用對方的心理弱點。

某次他們在審問一個嫌犯時遇到了困難，這個罪犯非常頑固，不肯說出與他合謀犯罪者的姓名。探員絞盡腦汁也始終無法「撬開」他的嘴。

之後的審問中，探員突然注意到一個非常小的細節，在提到嫌犯母親的時候，頑固的嫌犯臉上突然閃現出了一絲痛苦之情。FBI 探員心裡明白，這可能是他最大的弱點。

於是，探員專程去拜訪了嫌犯的母親，並且請其錄製了一段規勸嫌犯表白的影片，然後播給嫌犯看。

果然，嫌犯的心理防線開始瓦解，供出了合謀者的姓名。

如果連喜怒哀樂都不能隨心表達，這種人生也太過於小心翼翼了；不過，若因喜怒哀樂表達失當而給自己招致禍端，這樣的人生也是極度失敗的，也可以說是人生的悲哀。因此，人有必要做一個喜怒哀樂見不著痕跡的人，這樣做是有好處的！

首先，把喜怒哀樂從情緒中抽離，便能夠用冷靜客觀的心態去面對自己所遇到的事情，思考它給你帶來的積極意義，並進而

訓練自己對喜怒哀樂的控制。

其次，把喜怒哀樂放在口袋裡就是不隨便表現這些情緒，這樣不容易被人看穿自己的弱點，能更好地保護自己。

不能把喜怒哀樂放在口袋裡的人，則無法適應這個社會，這有兩方面的原因：

第一，不能適當控制自己情緒表達的人，給人第一印象就是不成熟，還沒長大。

只有小孩子才會說哭就哭，說笑就笑，說生氣就生氣。小孩子隨意表達的情緒，會被大人說是天真爛漫，但是如果這種事情發生在一個成年人身上，人們就不免對這個人的人格發展感到懷疑了，就算不當你是精神病，起碼也會認為你不夠成熟。

如果你還覺得自己年輕，率性一點也許無關緊要；但是如果你已經工作多年，或是已經過了三十歲，那麼別人就會對你失去耐心。因為別人除了認為你還沒長大之外，也會認為你沒有控制情緒的能力。這樣的人，一遇不順就哭，一不高興就生氣，是無法成就大事的。

第二，不能把喜怒哀樂隱藏好的人，會被人輕視，被認為你是一個脆弱而敏感的人。

哭也許是一種緩解壓力的好方法，但是在眾人面前號啕大哭，確實是一種軟弱的表現。絕大部分的人都能忍住不哭，或回家再哭，但卻不能忍住不生氣。

生氣有很多負面作用，首先是會在不經意間傷害無辜的人，有誰願意無緣無故挨你的罵呢？而被罵的人有時是會反抗的。

其次，人們經常見到一個人生氣，就難以和這個人保持親近，所以經常生氣的人與別人的關係在無形中就拉遠了。

另外，偶爾生一下氣，別人會怕你，如果常常生氣，久而久

之別人就不會在乎了，反而會抱著看猴戲的心理，這對你的形象也是不利的。

最後，生氣對身體不好，不過別人對這一點是不在乎的，但是對於你個人而言，這是最為直接的壞處。

所以，在藏心中，把喜怒哀樂放在口袋裡是很重要的一件事，雖然有時候過度的不形於色會給人陰沉的感覺，但情緒的表現絕不可過度，尤其是哭和生氣。

如果你不善於克服自己的這兩種情緒，那麼你還不如在這兩種情緒即將發生的時候，趕緊逃離，等到情緒平復了之後再回來。

如果沒有地方可暫時躲避，那就深呼吸，不要說話，這一招對克制生氣特別有效！

▌關於矜持

這一節，我們或許可以定義為「女子藏心術」。因為我們所講的內容是關於矜持的，而矜持則大多是用來形容女性的。

《第二性》（*Le Deuxième Sexe, Simone Lucie Ernestine Marie Bertrand de Beauvoir*, 1949）提出了一句膾炙人口且富有哲理的名言：「女子不是天生的，而是生成的。」一個女人在成長的過程中，漸漸變得矜持而理性，因此更富魅力。如果從藏心術的角度去考究矜持的話，你會發現，矜持其實是一種內斂、包藏的美德，也是藏心術的要旨所在。

在分析矜持之前，我們有必要先瞭解一下矜持的含義。按照漢語詞典的解釋，矜持的解釋主要有兩個。

第一個解釋是侷促、拘束的意思。

如：「這位小姐在眾人面前有點矜持。」但是實際上，對於女性來說，矜持往往還指女性因為自己的性別特徵而在異性面前表現的侷促、拘束的心態和行為。

第二個解釋是自鳴得意、自負的意思。

如：「家世殷厚，雅自矜持」。顯然，這其中有孤芳自賞的意味在裡面。女性，尤其是文化修養比較高的女性，我們說她們矜持的時候，往往指的是她們對自己優良特質有信心的一種傲氣。

矜持其實放到愛情心理的領域更為合適。因為在愛情心理領域，由於女性天生的被動性和含蓄特點，所以她們往往表現得更加矜持一點。

但是，隨著社會的發展，我們發現，許多女性似乎忘了矜持的美德，她們更奔放、更男性化，並且成為了一種趨勢。這種趨

勢，對於女性而言其實並不見得是好事，因為放棄矜持，就等於放開了自己的心理防線，會受到控制和支配。所以，女性朋友還是要學著矜持一點，藏住自己的喜愛之情。

2006 年 10 月 6 日，俄羅斯總統普丁在克里姆林宮向各界優秀人士頒發國家獎章。原本這只是一場普通的頒獎儀式，然而就在普丁給女演員尼娜·尼古拉耶芙娜·烏爾甘特頒發祖國貢獻三等獎章時，意外發生了！當時，普丁面帶微笑，為尼娜戴上了榮譽勳章。這位女演員表現得興奮異常，突然摟住了絲毫沒有防備的總統。她雙手緊緊抱住普丁的腰，情不自禁地依偎在總統胸前。

頓時，全場一片驚訝。甚至就連一貫冷峻的普丁總統，這一瞬間也出現了一點點慌亂和羞澀，顯得非常驚訝、手忙腳亂、尷尬萬分。

由於女演員的不矜持，讓總統都尷尬萬分。由此可見，不矜持有時會給別人帶來一定的困擾。當然，我們這個故事中的主人公是異國人士，出於風俗文化的考慮，人家的這種行動也似乎無可厚非。但是就事論事，作為東方人，我們還是顯得矜持一點更好。

人類行為學專家說：女性的矜持可以透過動作表現出來。「蹺腳」的標準姿勢（指一條腿搭在另一條腿上，一般情況下是左腿搭到右腿上）就是矜持感的表現。

不過這種動作也可能是因為長期的端坐感到不適之後的表現，所包含的意義還得看別的動作和手勢。比如，人們經常是在聽課或長時間坐不舒服的椅子時也採用這個姿勢；另外一個人如

果覺得冷，也會本能地採用這個姿勢。

　　如果一個人蹺腳又雙臂交叉抱胸，說明這個人是在明顯避開談話。一個銷售業務如果執意向一個蹺腳又雙臂抱胸的顧客兜售自己的產品，那可是最愚蠢不過的了，倒不妨問問對方，為什麼會採取這種不合作的態度。

　　如果說對於男人來講，腿代表力量和速度的話，那麼對於女性而言，腿則是情緒的一種表達方式。

　　如果一個人是一條腿呈半弓形搭在另一條腿上，說明這個人有一種競賽和抗拒心理。這種姿勢在美國相當流行，尤其是在特別講究競爭的男人圈裡。

　　「交叉合攏」的蹺腳再搭上手，採取這種動作的人，很難在與人交往的時候改變自己的意見或是觀點。通常來說，蹺起二郎腿，又用自己的手扶住自己的腿，這種姿勢說明這個主人有敵意。所以，你如果有這種習慣性動作，請試著收斂一些，要不然，別人會很輕易地看到你的固執，而不會給人矜持的感覺。

　　在會議或招待會上，往往可以看到有一些人雙臂和雙腿交叉站著，他們彼此間的距離比其他人要遠一些。如果他們穿西裝上衣，那麼他們的扣子會全部都扣著。如果有人跟他們談話，可以發現他們大都是第一次來到這種場合，就是這些人愛採用這種姿勢。

　　還有另一種人，和上一種人正好相反。這些人站在那裡，手不但不交叉，還張開手掌，西裝也不扣，看起來是無拘無束的樣子。他們彼此稍稍點頭示意，互相之間可以聊一些比較私人的話題，也允許別人問同類的話題。這種情況表明，他們對眼前的環境充滿了熟悉，這裡肯定有許多朋友。

▌羨慕→嫉妒→恨，循序漸進的不健康心態

「羨慕、嫉妒、恨」明顯是一種不健康的心態，作為一個藏心高手，一定要學會隱藏和克制自己的這種心態。

所謂羨慕，就是當看到別人比自己強的時候，把別人看得比自己高。所謂人往高處走，當看到別人比自己強的時候，就會產生向對方「靠攏」的心態。如果自己與別人差距太大，沒有什麼可比性，也就是心理學上說的「自我邊界感明顯」；此時，人不會因為羨慕而產生嫉妒。

比如，我們羨慕愛因斯坦的高智商，羨慕比爾・蓋茲的財富，但是我們不會嫉妒他們，因為人家智商高、有錢，跟我們沒有直接競爭關係、利害關係。而且我們也不太可能成為他們那樣的人，所以他們強大是他們的，與我們的強大或是弱小不相干，所以我們也不會去憎恨他們 —— 對於自己認同的對象，愛得多，恨得少，就叫「羨慕」。

假如我們發現自己身邊的某個同事或同學比我們強，我們對他們也會產生認同感，想讓自己成為他們那樣的人。可是，因為我們有機會和他們近距離接觸，這時候，我們可能會認為「他的長相比我更漂亮」、「他的智慧比我更出色」、「他的身體更有力或更有曲線」。這時他們的優秀就會顯得自己更平庸。在和這些人相處時，我們會感到壓力，會覺得自己不如別人，會氣憤他們為什麼總是比我們強！從而使我們的內心產生低自信、低自尊。

所以，在嫉妒的時候，其對象與自己往往是平等地位的人，條件本來是差不多的人，如同學、同事、兄弟姐妹等。

為什麼會恨呢？因為他們的強大和優秀，映照出了我們的劣勢與弱小。他們搶走了我們的利益，像搶走了我們的表揚、尊重、職位、升學機會、晉升機會等，這其中包含了認同與競爭這兩個成分。精神分析中經常提的一個名詞叫做「向競爭者認同」，大概說的就是這個意思。

FBI 曾經偵破過一起由於羨慕而產生恨意，最終釀成悲劇的案件。

2010 年 6 月，一名美國女子被控燒死前男友，並殃及鄰居一家導致三人死亡。

案發時，這名殺人嫌犯自己也被火焰吞噬，她帶著熊熊燃燒的烈焰奔出公寓求救的可怕景象恰巧被樓外的監控錄影機拍攝下來。最終，這名女子獲救，脫離了生命危險，但是她三十二歲的前男友卻因全身大面積燒傷死在醫院。

大火殃及住在樓上的鄰居一家人，鄰居太太曾爬出窗外求救，卻在救援人員趕到前因力竭從樓上墜下身亡，她的丈夫和二十歲的兒子被燒死在家中。

事後，經過 FBI 一番調查才得知悲劇發生的原因：原來，這個女子在和前男友分手之後，生活陷入了困頓之中。但是她的前男友卻重新組建了一個幸福的家庭，她因羨慕而產生了恨意，所以才做出如此不理智的事情。

嫉妒和恨讓人失去了理智，所以我們必須克制和隱藏自己因羨慕而產生的嫉妒和恨意。

如果在競爭中被自己所羨慕的人打敗，首先就會產生憤怒。憤怒其實不可怕，因為憤怒比較容易發洩出去，比如在下一次競

爭中戰勝對手，憤怒就可以發洩出去。

但是如果沒有有效的戰勝對手的手段或是其他的發洩憤怒的途徑，憤怒壓抑在內心深處，就會變得更加憎恨，這時就叫做「嫉妒」。嫉妒往往意味著競爭失敗時的深層壓抑，而壓抑之後，會以更加隱蔽的手段與對手競爭，這更像是在武俠故事中正面進攻打不過對手的時候，就使用暗器。所以，嫉妒很可能會讓人迷失自我，將自己陰險狡詐的一面暴露出來。

懷有嫉妒心的人，經常會想：「我們都是一樣的人，為什麼你就比我強？為什麼你比我得到更多？」他們往往認為這個世界不公平。

有嫉妒心的人，往往很在乎當前的勝敗得失。他們會這樣認為：「這一次失敗後，即使以後再怎麼努力，也無法挽回這次的失敗。」

如果一個人在這次失敗後，他心裡想著「君子報仇，十年不晚」的話，那麼他就會將自己的精力用在提升自我能力上，而少有閒心去嫉妒別人了。

▌社會新聞常見的「由愛生恨」

　　本篇，我們講的是自戀和愛恨表達的內容。讓我們先從一個真實案例說起。本案僅僅是一個很簡單的暴力殺人案，但因為涉及敏感話題 ── 大學暴力，所以引起 FBI 犯罪學家的關注。

　　中午時分的密西根大學，一位女生和同學從餐廳二樓吃完飯下樓。樓下衝上來一個男生，手裡拿著一把刀，高喊著：「妳為什麼要騙我？」然後就在她的脖子上劃了一刀，接著往胸口上捅了進去，女生從樓梯上滾了下來。

　　現場的人都驚呆了，同伴喊救命，隨後現場一片混亂，餐廳裡的人都出來了。那個男生手裡拿著那把血淋淋的刀，呆呆地站在那裡，等員警來帶走他！

　　那個男生在遺書中這樣寫道：「我受夠了，我真的受夠了。三年的時間，每天幫你裝水、買飯、占座位。我家家境本來就很困難，每逢情人節和生日，我都要給妳買很貴重的禮物。只要能看到妳的笑容，我比什麼都開心。

　　我還記得那一個冬天的晚上，我在十二號樓下拿著一個月的餐費買來的玫瑰花等了妳整整四個小時。在我看到妳的那一刻，一直煎熬著我的緊張、焦慮、擔心和失落全都消失得無影無蹤。以後每每聽說妳和別的男生去跳舞、唱歌，只要想起那天晚上妳在我臉頰上的吻，我就可以什麼都不在乎。畢竟，我現在沒有能力給妳那些，因此沒有資格去享受。

　　我原以為只要我努力對妳好，總有一天妳會懂我的心。可是，這一切都隨著那個男人的出現煙消雲散。我這一輩子都忘不

了妳上那個男人車的時候，那種曖昧的眼光。一開始當周圍的人告訴我，妳和他發生關係的時候我都當耳邊風，畢竟妳認識他才三天。可是那天看到妳在車上看著他的眼神……我一切都明白了。

不錯，他確實優秀。可是妳難道看不出他有一顆魔鬼的心，他只是為了征服在征服，只是在踐踏妳所有追求者的自尊！

我承認我是個弱者，我不能對那個男人怎麼樣，因為我知道我在接近他之前一定會被粉碎掉的。所以我遷怒於妳，別人不知道我為妳付出了多少，難道妳不知道？妳怎麼能把我的心像煙蒂一樣踩在腳底下碾碎，然後踢進下水道？

我恨妳，恨妳，恨妳，恨妳！我要報復，雖然我不能拿回我的愛情，但是我要拿回我的自尊！」

愛的結果卻造就了悲劇的發生，人們不禁會問，為什麼對一個人的愛會變成將其殺死的恨？人們常說：「愛極生恨」！難道愛到極致時均要以恨來表達嗎？它們之間的關係是既孿生又相剋的嗎？

如果這也算愛的話，那只能算作是一種畸形而不健康的愛，它的目的旨在為極端自戀的「我」服務，而非總是希望對方幸福。在很多情況下，愛的對象只是一面鏡子、一種襯托，一個能映照、折射自己華麗的媒介。對此，心理學專門有一個名詞來形容 ── 自戀。

心理學將人類在不能獨立的一歲以內稱為自戀階段，此時的嬰兒經常感到饑餓、孤獨、無助的恐懼，為了壯自己的膽、安慰自己，於是便開始吸吮自己的手足或者沉浸在幻想之中。如果不將注意力轉向外界（開始是爸爸、媽媽及親人，以後則為社會性

的人際關係），很容易形成自閉，兒童孤獨症或其他心理障礙在此時就埋下了種子。

當然，並非所有自戀都是病態的，在生活中我們常可見到有類似自戀人格特徵的人。在自戀階段，有些習慣可持續到成年，很難改掉。在一些特定的情況下，它甚至可以發出耀眼的光芒。

在二戰期間，邱吉爾手作「V」狀，口叼雪茄，給人一付永不落敗的感覺。

在邱吉爾的童年，他就經常幻想自己不會死去，這種嬰兒式的想像加上口叼雪茄的形象對當時盟軍的士氣起了極大的鼓舞作用。人們相信，跟這樣一個不死的人是會勝利的！

而在心理學家看來，邱吉爾無疑有自戀的問題。

在衡量自戀時，人們往往與利他主義對照來談。正常情況下，每個人或多或少都有自戀，其程度為俗語中所講的「利己不損人」。

但是，大多數情況下，自戀者絲毫不會考慮他人的想法，而將自己的意願以「一廂情願」的方式折射到他人身上。由於相信自己才是唯一的，因而自己的願望也是應該馬上完全加以滿足。當現實中出現與自己想法存在著差距的情況時，病理性自戀者往往會做出脫軌的行為。當然，他本人會認為這是理所當然的。

自戀有時讓人沉醉，但一定要對自己說：我是一個自戀者，但這又何妨！但是，做出損人甚至扼殺生命的事情，那就是病態的自戀了。所以，我們要克制自己的自戀。

STEP 6

捨得

不迷失，建立安全感、克制占有慾

　　我們都有占有慾，我們都想占有更多的資源。但是，過度的占有，卻往往讓人亂了方寸，丟掉了平靜，也更容易暴露自己的負面情緒。因此，我們若要藏心，就需要克制自己的占有慾。

　　在本章，我們將引入一個新的詞語「領域感」。所謂領域感，就是一種占有慾的表達方式。透過對領域感的敘述，我們將對自己的一系列行為有更深的理解，也能從根本上瞭解自己，更善於藏心。

認識「領域」

首先，我們來談一談什麼是「領域」。

所謂領域，其實是一個界限，在這個界限中，人擁有絕對的主動權，比如「家」。每個人在自己家裡都能「為所欲為」，這是因為，「家」就是每個人所擁有的「領域」。

社會心理學家阿特曼（Irwin Altman, 1930.7.16）認為，領域是彼此排他的、獨占的使用區域。這也就是說，一個人對自己的領域有天生的控制慾和占有慾，不願輕易與他人共用。在有人未經同意就闖入到我們家裡的時候，我們會產生敵意，就證明了這一點。

領域有三個層次：主要領域、次級領域和公共領域。

主要領域
被個人或是集體長期占有的一個區域，而且被所有人共同確認。這個領域是使用者生活的中心，比如我們的家、老闆的私人辦公室。

次級領域
不被人長期占有的地方，比如酒吧、教室裡的座位等。

公共領域
指一切公共場所，如電話亭、公車。

領域感最終會上升為心理問題，一個人如果能夠擁有一個可以調節私密性和自由控制的地方，那麼對身體健康是非常有好處的；如果一個人發現自己沒有能力維護自己的領域時，將會產生

非常嚴重的心理問題。

像學者所說，那些領域感強的人，對於別人入侵自己的領域是非常敏感的。在生活中，某些人可能會對門鈴聲非常敏感，這就是領域感的一種展現。

人人都有領域感，但是如果領域感過於強烈，那麼就會使人的占有慾變得非常強，這就是我們所說的占有慾。

一個領域感非常強的人，發現自己的個人空間不能滿足自己的需求時，他的占有慾會被激起，這時人會變得貪婪、不知滿足。這無疑會成為一個人心理上的弱點，非常容易被他人看穿。

義大利藝術家米開朗基羅的雕刻作品「大衛像」是他最為成功的作品之一。當大衛像剛雕刻好的時候，一個負責審查藝術作品的官員表示對這座雕像很不滿意。

米開朗基羅問這個官員：「您看我的雕像有什麼地方不合適嗎？」

「嗯，依我看啊，這個雕像，從整體上看，就是鼻子不好。」這個官員明顯不懂雕塑，但為了維護自己的「官威」，還是無中生有的找麻煩。

米開朗基羅明知道官員的所謂「修改意見」是不可行的，但還是一本正經地說：「是嗎？」然後還站在雕像前看了一下，大叫一聲：「可不是嗎？鼻子是大了些，我馬上改。」說著就拿起工具爬上架子，叮叮噹噹地開始修改。

隨著米開朗基羅的鑿刀，掉下了許多大理石粉，那官員只得躲開。過了一會兒，米開朗基羅「修」好了，他爬下架子，請那位官員再去驗收：「您看這回怎麼樣？」官員看了一下，非常高興地說：「這樣就好多了嘛！」

其實，米開朗基羅剛才只是偷偷抓了一小塊大理石和一把石粉，到上面做個樣子罷了，雕像還是原來的雕像，一點都沒有改變。

　　故事中這個官員的無理要求，其實就是領域感在作祟。他認為在自己的領域上，別人應該無條件地服從自己，而米開朗基羅則看穿了他的這種心態，捉弄他一番。

　　由此可見，一個人的領域感，確實會被別人所利用、所愚弄。所以，我們想要藏心，就要學會控制自己的領域感，不能讓領域感氾濫成明顯的占有慾，那樣只會讓我們的負面心理滋生和暴露。

　　領域感其實是一種與生俱來的心理。我們經常可以看到一些小孩，雖然心智還不是很成熟，但是誰要想從他家裡拿走一點東西，都會表現出不滿，這就是領域感的一種體現。作為一個成年人，我們當然不能像孩子那樣隨性地表露自己的情緒。所以，應該學會隱藏和克制自己的占有慾。

▋ 領域的表達

在本篇，我們將要談一談領域感的表達方式。

對於不同的人來講，領域感的表達方式也是不同的。從性別上來講，女性比男性更能容忍比較親密的距離，男性對別人接近自己領域的忍受性要比女性更低。而且，男性在遭遇別人入侵領域的時候，更容易產生恐懼，這恐怕是一般人所不知道的。

除了性別因素之外，領域感也受到人格因素的影響。一個人的人格特徵決定了他的世界觀，人格特徵也反映在空間行為上。對於那些性格內向的人來講，他們所需的個人空間要比外向的人更大。

正因為領域感的表達方式體現在個人身上有很多的不同，所以領域感表現得很明顯的人，就更容易暴露自己的內心。

FBI 正在試圖瓦解一個邪惡犯罪組織。這個犯罪組織的老大非常狡猾，他有很多藏身之地，關於他犯罪的具體證據 ── 組織的名單，肯定是藏在他最放心的一個地方。

FBI 不能貿然出動人馬去搜查他現在所居住的地方，因為一旦沒能發現證據，那麼就會打草驚蛇，以後想要找到那個名單就更難了。

可是，他到底將這個關鍵性的東西藏到哪兒呢？誰也不知道，FBI 的調查一時陷入了僵局。

這時，一個剛剛被 FBI 徵召的年輕探員主動要求：由他去調查名單的真正位置。

當時許多老探員都不相信，這個初出茅廬的年輕人能完成

這一任務。但是他們也沒有什麼好辦法，只好把這個重任交給了他，就當是死馬當作活馬醫。

這個年輕人信心滿滿的接受了任務，著手調查去了。

三個月後，年輕探員向指揮部報告說：「我已經查清了名單所在地。」隨後，大批 FBI 探員出動，在年輕探員的指引下搜查了老大的一處居所。在那裡，他們果然發現了犯罪組織的名單。

事後，許多 FBI 的前輩問這個年輕探員：「你是如何發現名單真正的藏身地？」他說：「我花三個月跟蹤他，發現他雖然有很多藏身之地，可是只有在回到我們最後搜查的那個家中時，才完全體現出他的領域感。當時我化裝成一個快遞員，突然進入他家裡時，他所顯示的狀態不是惶恐，而是表現出極強的敵意，那是屬於一種捍衛自己領域的狀態。我由此判斷出，這裡才是他真正的家，也是名單真正的藏身之所。」

在這個案例中，年輕的 FBI 探員正是利用了犯罪組織老大的領域感，從而判斷出他真正的家。由此可見，領域感和占有慾的過度表達，會暴露一個人的內心。

其實，在生活中，每個人的領域感都會透過種種方式表達出來。領域感可分為三種形式：獨處、親密、匿名，它們分別會在不同時間、不同情境出現。而且這三種領域感形式過度表達的話，會暴露人的不同心態。

1. 獨處

就是一個人在自己的領域內，希望把自己與其他人分隔開，或者避免被他人觀察到的狀態。這種狀態如果過度表達的話，就反映了此人內心的不安全感，也證明他有一定的社交恐懼。

2. 親密

比如他在和親人、朋友、配偶相處時，不願受到外界干擾。這其實是一種占有慾的典型表現。

3. 匿名

這種表達方式很特殊。在生活中，有些人喜歡隱姓埋名或喬裝打扮，即使在公眾場合仍然不被別人認出的狀態，這表現出一個人內心的不安全感。

如果一個人在自己的領域中，比如一個老闆在自己的公司裡，他的一舉一動似乎都和平時不一樣，這些動作其實暴露了他的某些心理。現在我們試舉幾例：

❶ 老闆在說話的時候根本不看對方，目光渙散或是瞧著別的地方。這是一種比較壞的徵兆，意味著老闆對對方的能力很輕視，或是並不看重這個人。

❷ 在自己領域內，支配欲比較強的老闆喜歡從頭看到腳，由上至下地看人。這種人為人也很自負，他的權威不容侵犯。

❸ 他的眼睛一直盯著對方，這意味著他對對方還不夠瞭解，或是對對方剛才說的話並沒有完全理解。

❹ 他目光尖銳，臉部表情變化無常。這是在暗示對方：「你小子要對我說實話，你的謊言我很容易就戳穿了！」

❺ 他雙掌合十，從上往下壓，身體發揮平衡作用，這證明他情緒比較平靜。

❻ 他雙手叉腰，肘部向外撐，這表明他要做決定了，而且是不容置疑的決定。一般來講，他們在遇到具體的權益問題時，才會不自覺地做出這樣的姿勢。

❼他坐在椅子上，將身體往後靠，雙手放到腦後，雙肘向外撐開，這固然說明他此時很輕鬆，但可能也是自負的意思。

❽在談話中他用食指指指點點。這是個極端不好的信號，這意味著他有極強的好勝心和鬥爭慾望。

❾雙手放在身後互握，也是一種優越感的表現。

❿他拍拍下屬的肩膀，這意味對下屬的承認和賞識，但只有從側面拍才表示真正承認和賞識。如果從正面或上面拍，則表示小看下屬或顯示權力。

⓫他們手指併攏，雙手構成金字塔形狀，指尖對著前方，則表示他不同意。

⓬當他把手捏成拳頭的時候，這不僅僅是代表他要保持自己的強勢，也表示要維護自己的觀點。如果用拳頭敲桌子，則意味著已經聽不進任何意見了。

這些都是一個人在自己領域內經常會出現的一些小破綻。正因為領域感能夠表現出一個人的許多心理狀態，所以我們若想藏心，就必須要學會克制自己的領域感，以避免被人看透自己。

以上，我們用兩篇的篇幅，為大家解釋了關於領域感的一些知識。接下來，我們會全面闡述領域感所導致的兩種負面心態 —— 占有慾和控制慾。

克制占有慾

極強的領域感，最終會轉變為強烈的占有慾。

占有慾是一種普遍的心態，我們不能說占有慾一定是貶義的，但可以確定的是，當一個人的占有慾變得盲目的時候，就會超出理智的範圍，成為一種有害的心理。而由領域感所導致的占有慾，則更容易轉變成這種負面心態。

在生活中，我們經常可以看到，那些占有慾強的人，因為自己不擇手段的占有，導致自己陷入困境甚至身敗名裂。

2001 年，FBI 決心將一個為害多年的黑社會組織剿滅。經過一番調查之後，FBI 發現這個黑道老大非常狡猾。他投資房地產、旅遊業，從表面上看，他所做的一切，都披著合法的外衣。FBI 雖然明知道他在祕密從事犯罪行為，但是苦於沒有證據，無法對他下手。為了引蛇出洞，FBI 決定給他設下一個圈套。

當時，在這個黑社會組織的控制範圍內有一家新建成的大飯店。這家飯店極為豪華，而且位於黃金地段，前景可觀。FBI 知道，這位黑道老大不允許自己的勢力範圍內有強力的競爭對手，他一定會想辦法得到這家飯店。所以 FBI 故意派出自己人去和這個老大競爭這家飯店的所有權。

黑道老大很快就知道，有人想和他搶購這家飯店。臥榻之側豈容他人鼾睡？

黑道老大決心出更高的價格買下這家飯店。但是他發現，無論自己出多高的價格，對方總是要比自己略高一籌。黑道老大意識到，「對方」財大氣粗，而且勢在必得。如果按照一般情況來

講，他完全可以放棄和對方的競爭，但是一想到自己的勢力範圍內有別人要和自己搶風頭，他就有抑制不住的衝動。所以他決心採取非常手段來獲得這家飯店。

當 FBI 將這名黑道老大派出的殺手逮捕，並且順藤摸瓜找到他的時候，黑道老大才知道自己上當了，只得伏法。

在這個案例中，黑道老大之所以露出馬腳，就是因為他對自己「領域」內的事物表現出了過強的占有慾。

引用這個案例，只是想說明，占有慾會出賣一個人的內心，甚至會讓人偏離自己的人生觀和道德觀。

事實上，占有慾過強，不僅容易讓人迷失自己，而且還會被人拿來利用，反而讓人失去更多。

1985 年 9 月，賈伯斯離開蘋果公司。他用變賣蘋果股票的錢重新開了一家公司，叫 NeXT。很明顯，賈伯斯希望新公司能延續自己「贏」的哲學。

在 NeXT，賈伯斯變本加厲的奉行自己在蘋果的那一套：贏、贏、贏，什麼都要贏！

在「NeXT Computer」（NeXT 推出的第一個產品）上，賈伯斯要求用最好的原料、最高規格的配置、最好的工藝，生產最好的產品、賣最高的價錢、占領最大的市場。最誇張、甚至荒唐的是，賈伯斯在電腦電路板設計上，居然要求布局要有藝術感── 他要在各方面都打敗當時 PC 市場的老大和被他搞得半死不活的老東家蘋果。

結果，占有慾過強反而成為賈伯斯前進路上的一個重大障礙。他想讓自己的產品占盡先機，占盡一切有利條件，儘管他也

成功找到幾個冤大頭成為自己的客戶，可是在近十年的時間裡，NeXT 產品的總銷量不超過五萬台。

太尷尬了！有夠丟人！如果說當年的蘋果是賈伯斯創造的 IT 界神話，那麼 NeXT 就是賈伯斯製造的 IT 界笑話。

賈伯斯開始反思，到底是哪兒錯了。最後，賈伯斯想通了，癥結就出在了「占有慾」上面：自己什麼都想要，反倒成了徹頭徹尾的輸家。

賈伯斯從執迷於「贏」的哲學到頓悟，這個過程花了多長時間？十年！這時的賈伯斯已經不是當年那個帥小子，而是臉上爬出皺紋的小老頭了。

1997 年 7 月，賈伯斯重回已經是滿目瘡痍的蘋果。當時賈伯斯做了一件大事，就是和微軟的比爾·蓋茲和解。

當初，比爾·蓋茲的微軟只不過是抱蘋果大腿的一個小弟。但是，蘋果的盛氣凌人把微軟一步步地推向了自己的競爭對手 IBM 那裡，並和 IBM 共同狙擊蘋果，從此蘋果一蹶不振。可以說，微軟算得上是蘋果的老冤家。而且在賈伯斯的眼裡，比爾·蓋茲就是一個賊，因為微軟賴以起家的視窗系統實際上是抄襲蘋果的麥金塔圖形介面。

但是，賈伯斯和比爾·蓋茲握手、言和了。這標誌著賈伯斯「贏」的哲學澈底被遺棄了。

現在，賈伯斯的蘋果是什麼？是大家有錢一起賺。這就是一個人根除占有慾的好處。

當然，我們之所以在這樣一本介紹「藏心術」的書中，提及有關占有慾的問題，除了因為占有慾往往讓我們走向失敗，更重要的是，在人際交往中，占有慾也會時常表現出來：有些人經常

想將另一些人「占為己有」。

這類人對人的占有慾，聽起來似乎不可思議，但是在現實生活中，我們經常可以看到由占有慾產生出企圖控制和占有對方的行為，這在愛情、親情中最為常見。而人和人之間的占有慾，往往是導致感情分裂的重要原因。

在人際交往時，人需要克制自己不理智的占有慾。否則，你的自私和強勢將被別人看在眼裡、記在心裡，成為別人防備你的理由。

關於占有慾，我們只能說：人不能完全沒有絲毫占有慾，但是也不能讓不理智的占有慾占據我們的內心。

最後要說的是，藏心的關鍵，有時候不僅僅是隱藏，更重要的是克制。我們的負面情緒和負面特質，都需要我們去克制。這才是藏心術的全部。

機關算盡最容易被看穿

在這個現實的社會，有些人為了種種原因，參和進那種你爭我鬥的大染缸中，認為只有不斷地去爭才能獲得生存的空間。其實，從根源上講，爭奪生存空間的鬥爭就是圍繞著領域展開的爭奪。

追逐生存的空間是沒有錯的，如果天天緊繃神經，只想著為蠅頭小利爭鬥，不但辛苦，而且得不償失；更有甚者，為了自己的利益想著用詭計陷害更多的人，樹立更多的敵人，這就是占有慾發展到最後的負面體現了。

這世上誰也不比誰傻，所以一個人若是機關算盡，就算偽裝得再好，也遲早要被別人看穿。因此，在占有慾中，我們應該處於「防守」的地方。

何謂防守型的占有？如果我們用陰謀詭計整人是進攻的話，那麼保護自己、更好的生存就是防守。一個人如果只重視與人鬥爭，老是想著去進攻的話，那麼他的生存環境必然很糟糕，他身邊到處都是敵人，而他在鬥爭的過程裡，一定都是破綻。

不可否認，有時候為了生存，不得不去爭鬥，但是如果換種方式能獲取更大的發展空間，又何必把時間和精力浪費在無謂的爭鬥上？人的第一要素永遠都是生存，但靠耍詭計去生存確實極具風險，甚至得不償失。

「印第安斧」傑克，是一個眾所周知的「精明人」。他從事犯罪活動多年，引起了 FBI 的注意。

傑克也感覺到自己已經被盯上了，所以他不敢輕舉妄動。一

時間 FBI 拿他也沒辦法，但是 FBI 知道，讓這樣的人在社會上多存在一天，就是一個極大的風險，所以他們決定引蛇出洞。

首先，FBI 派探員化裝成來自巴西的雪茄生產者，與傑克碰面。他們告訴傑克，自己手中有一大批品質上乘的雪茄，希望找到買家。

傑克知道，自己如果能買下這批雪茄，那麼將獲得非常大的利益。但是由於對方手中的雪茄數量非常多，所以靠他自己的財力還不能將這批雪茄全部拿下。

眼看到手的鴨子要飛了，傑克坐不住了，他決定用陰謀詭計來奪取對方的貨物。他先是派自己的手下悄悄地查明了對方貨物的儲藏地，而後又開始組織人馬，企圖用暴力搶奪這批雪茄。

這一切，都被 FBI 盡收眼底。等傑克行動時，才發現自己已經被 FBI 和員警包圍了。精明的「印第安斧」傑克，就此落網。

鬥爭有時候是一個快捷的發跡方式，但這種方式要付出的代價太高，而且風險極大。有些人自詡為高手，可以輕而易舉地想到鬥垮別人的方法，他們在這方面是富有才華的，可以在戰鬥裡壯大自己。有些人出手一百次就可以成功一百次，數不勝數的競爭對手被他們打壓。他們看似取得了成功，但不要忘了，做這一切的基礎是什麼 —— 你依舊生存在這個社會中。只要你還在這個社會裡，那麼你的計謀就會被人看破，到時失去的就是在社會中生存的資本。

也就是說，就算你可以成千上百次地用詭計來打擊對手，並踩著一個又一個的人往上爬，但只要所有人都看穿了你不是一個「厚道人」，那你就完蛋了。你以前的敵人，就會像聞到血腥味的鯊魚一樣，蜂擁而至。到那時，你會被人痛打成落水狗，以前你

對別人所做的一切，都會加倍得到懲罰。所以，你每次使用完計謀後，你的敵人就會增多，你的形象也就會受到損害。

　　如果說鬥爭只是生存的一小部分，那絕大部分時間該怎麼度過呢？最好的建議是裝傻，當然這不是讓你出洋相，而是讓你精明的裝傻。有一種人被稱為「大智若愚」，他們之所以表現出「愚」，是因為他們很好地隱藏了自己的渴望和情緒，這才是真正的藏心高手。

　　一個大智若愚的人知道什麼時候該聽見，什麼時候不該聽見。他知道什麼時候該做事，什麼時候該放棄。他不是不知道派系爭鬥，但他總能避過各種打擊。他是不會隨便出頭的，但很奇怪，所有人都對他很好。他沒有很多知心朋友，可是所有人都和他不錯，在出問題的時候都會替他說話。他並不介意做多少活，他有時候會幫你做事情，但很可能做不好。不過當事情很重要時，他總能順利完成。他是不會去跟別人鬥的，在別人眼裡，他也沒有鬥的價值，所以他是安全的。

　　當所有的勢力爭執不下時，大智若愚的人總是各方利益博弈的均衡點，所以他才是最大的受益人。這樣的大智若愚，是最容易成功的。

▌ 無謂之爭要不得

占有並沒有錯，每個人生活在這個世界中都要去占有一些東西。但是不加控制的占有慾，卻將我們帶入了另一個險境——費盡心機去占有那些可有可無的東西。

事實上，在生活中，我們有時候都是在做無謂的爭鬥。爭贏了，得不到任何好處，反而得罪人，暴露了自己的貪婪；爭輸了，悶悶不樂半天，更鬱悶的是發現把重要的事情也耽誤了。

有時候，說起來都好笑，爭不是為了利益，也不是為了面子，純粹就是為了爭，就是為了贏過別人，除了享受一下「勝利」的小喜悅，其他什麼好處也撈不著。

有的人就喜歡和別人作對，大概成了習慣吧，無論別人說什麼，他總要照例反駁。他自己本無成見，不過在你說「是」時，他一定要說「否」，到你說「否」時，他又說「是」。現實中，有這種習慣的人很多，而且每每不自知——而這種心理，就是占有慾在作祟。

為什麼人會出現盲目的占有慾？總結來說有以下幾個原因：

1. 喜歡以自我為中心

生活中，很多人喜歡以自我為中心，所以能夠得到的東西，他們都想去占有。這其實也是領域感的一種表現。

2. 過於熱心

有些人的占有慾不僅表現在對物質的占有，而且還體現在對真理的「占有」。還有一些人之所以要爭，其實並沒有太多心思，只是因為本身過於熱心，想提出更高超的見解，以為這樣可

以讓人另眼相看。實際上這種自作聰明的心態完全錯了。

　　唐代有一位豐干禪師，在天台山國清寺清修。一天，豐干禪師在松林漫步，突然聽見遠遠的有小孩的啼哭聲。豐干禪師走過去問：「你是誰家的孩子？」

　　小孩哭哭啼啼地說：「我找不到父母了，我也不知道他們在哪兒。」於是，豐干禪師便把這男孩帶回國清寺，等待他的家人來認領。

　　小孩的父母一直沒有出現，所以他一直住在寺院裡。因為他是豐干禪師撿回來的，所以大家都叫他「拾得」。拾得長大以後，寺廟裡安排他到廚房打雜。

　　拾得有個名叫寒山的朋友，家裡很窮。因為寒山常常缺衣少食，拾得就將齋堂裡吃剩的飯用一個竹筒裝起來，給寒山背回去。

　　有一天，寒山問拾得：「如果世間有人無端地誹謗我、欺負我、侮辱我、恥笑我、輕視我、鄙賤我、厭惡我、欺騙我，我要怎麼做才好呢？」

　　拾得回答道：「你不妨忍著他、謙讓他、任由他、避開他、耐煩他、尊敬他、不要理會他。再過幾年，你且看他。」

　　寒山聽後說：「我們這些人無權無勢，也只能如此了。」

　　拾得卻搖搖頭說：「彌勒菩薩雖然法力無邊，但是他也說：老拙穿破襖，淡飯腹中飽；補破好遮寒，萬事隨緣了；有人罵老拙，老拙只說好；有人打老拙，老拙自睡倒。由此可見，忍讓和無求並不是懦弱，而是因為看破。」

　　這個佛家故事，其實講的就是「不爭」的道理。只有看破了

爭鬥的負面作用，才能更好地藏住自己的好鬥情緒，進而更好的藏心。

生活中的一些平凡事情，是不必斤斤計較的。朋友、同事們日常聊天時，有哪幾件事是必須要爭一個是非對錯的？

人總是有著各種不同的性格和待人處事的方式，即便有觀點、觀念上的不同，說說笑笑之間也就罷了。但就有人不能容忍這些細小差異，忍不住與之辯論以分伯仲，遇到隨和的人也就算了，如遇到同樣不饒人的人就難免將辯論發展為爭論，甚至矛盾、衝突。

就算是朋友、就算極有道理的話，也應注意措辭語氣；要指出別人的不對，可以私下再說，尤其在公共場合更應該為對方留一點餘地。若僅僅自認自己的觀點更高明，總是急不可耐地拿出「更高超」的見解，實在是喜逞口舌之快的小肚雞腸之人。

這樣的待人接物方式，很容易使自己與朋友、同事疏遠：關鍵時刻沒人肯為你說一句話，朋友也不敢向你進一點忠告。所謂「人至察則無徒」，我們待人應輕輕鬆鬆，如非必要，不要過於認真。少苛求、多寬容，這才是正確的待人方法。

▌圓滑地退一步

俗話說：退一步，海闊天空。退，是一個很容易讓人誤解的詞，很多人一聽到這個詞，就會不自覺的想到懦弱。大多數人為了證明自己並非懦弱，常常選擇去占有：在公車上爭一個座位，在公司裡爭權奪利，在家裡與妻子爭地位。如果不爭，他們就感覺會失去自尊，彷彿只有爭，才能證明自己的尊嚴。這其實也是占有慾的一種表現。

如果讓一個占有慾十分嚴重的人在自己的領域上退一步，那是一件非常困難的事情。同樣，如果讓這樣的人放棄已經唾手可得的東西，那幾乎也是不可能的。可是，一件事物，當你越想抓住的時候，往往就越是抓不住。

這是因為強烈的占有慾會將你的內心暴露給任何人。這時候，你就處於被動的局面中，你一心想著占有，卻失去了最理智的心態。在這種狀態下，又有什麼是你一定能把握的呢？

對於一個善於藏心的人而言，控制自己的占有慾，是他們成功的關鍵。

有一天，Ａ先生開著他的黑色青鳥到社區的地下車庫停車時，發現一輛白色的雪鐵龍停在他的車位旁邊，而且與他的車位靠得特別近。

「為什麼總是這麼貼我的車位？」Ａ先生生氣地想，隨即朝白色雪鐵龍的車門狠狠地踢了一腳，車門上立即留下了一個清晰的腳印。

一天傍晚在停車場，當Ａ先生正想關掉引擎時，那輛白色雪

鐵龍也恰好開了進來，駕駛像以往那樣把車緊緊停靠在 A 先生的車旁。A 先生一見，火氣就來了，加上他正患著感冒，頭痛得厲害，下班前又被上司批評了一頓，一肚子氣正沒地方發洩。

於是，A 先生惡狠狠地對著雪鐵龍裡的人大聲喊道：「喂，你的眼睛是不是出了問題，有你這樣停車的嗎？」

那輛雪鐵龍的主人也不甘示弱，十分生氣地說：「你和誰說話？你以為你是誰？這地方我付了錢，我想把車停在哪裡就停在哪裡！別那麼多廢話！對了，上次我車上的那個腳印是你踢的吧，以後少幹這種缺德事，不然，你的車上會留下更多的腳印，甚至是你的身上！」

聽到這些猖狂的話語，A 先生一直懷恨在心。

第二天，當 A 先生回家時白色雪鐵龍還未回來。這一下，A 先生也把車子緊挨著對方的車位停下來，也沒給對方留一點迴旋的餘地。

但接下來的幾天，白色雪鐵龍每天都先於 A 先生回來。白色雪鐵龍的車主暗地裡和 A 先生較勁，弄得 A 先生苦不堪言。

「如果長期這樣『冷戰』下去怎麼辦？」A 先生眉頭一皺，便有了一個好主意。

早晨，當白色雪鐵龍的主人準備坐進他的車子時，發現擋風玻璃上放著一個信封，信中寫道：

「親愛的白色雪鐵龍，真是非常抱歉！那天，我家的男主人向你家主人大喊大叫，還曾對你有過不禮貌的行為，現在他正為自己的粗暴行為深感後悔。其實，我家主人心眼並不壞，只是脾氣躁了點，加之那天他正好在公司被上司狠狠罵了一頓，心情很糟糕，因此，給你和你的主人帶來了傷害。在此，我希望你和你的主人能夠原諒他 —— 你的鄰居黑色青鳥。」

隔了一天，當 A 先生準備打開車門時，也一眼就發現了自己車子的擋風玻璃上有一封信。A 先生連忙拆開信：

「親愛的黑色青鳥，我家主人這段時間失業了，因此心情鬱悶。而且他只是剛剛學會駕駛，所以總是沒把我停放在自己的位置上。我家主人很高興看到你寫的信，我相信他也會成為你們的好朋友 —— 你的鄰居白色雪鐵龍。」

從那以後，每當黑色青鳥和白色雪鐵龍相遇時，他們的主人都會愉快地相互向對方打招呼。

你若處處爭強好勝，免不了會處處碰壁，這是因為你的占有慾會引起別人同樣的反應，這就像是動物之間爭奪地盤的行為一樣。作為一個理智的人，應該學會藏住自己的占有慾，讓自己表現得大度一些，沉穩一些，這才是藏心高手該有的風範。

不懂得讓步，帶來的惡果，有時是當事者自己都難以預料的，當惡果發生時，就只能暗自後悔了。而雙方如果都退一步，則大家都寬心，事情也會往好的方向發展。所以，學會讓步，是一種智慧；而懂得讓步的人，一定是一個智慧之人。

生活中，沒有人能夠做到不與別人發生碰撞。用爭鬥的方法，你永遠無法得到滿足，但用讓步的方法，你可能收穫更多。

當你遇到美味可口的佳餚時，要留下三分讓別人吃，這是一種美德。路留一步，味留三分，是提倡一種謹慎的利世濟人的方式。在生活中，除了原則問題需堅持外，對小事、個人利益，互相謙讓，會使人保持身心愉快。

清康熙年間，人稱「張宰相」的張英與一個葉姓侍郎毗鄰而居。葉家重建府第，將兩家公共的弄牆拆去並侵占三尺，張家自

然不服，引起爭端。

張家立即發信給京城的張英，要求他出面干預。張英卻作詩一首：「千里家書只為牆，再讓三尺又何妨？萬里長城今猶在，不見當年秦始皇。」張老夫人看見即命退後三尺築牆。葉家深感歉意，也退後三尺。兩家之間由從前三尺巷形成了六尺巷，被百姓傳為佳話。

謙讓絕非一味讓步，不要忘記精確的計算：即使終身讓步，也不過百步而已。也就是說，凡事讓步表面上看來是吃虧，但事實上由此獲得的收益要比你失去得多。這正是一種圓滑、以退為進的明智做法。

本是爭的情形，由於謙和禮讓的出現而使矛盾化解，免去不必要的爭鬥，甚至使對手變手足、仇人變兄弟。相反，得理不讓人，使對方走投無路，有可能激起對方「求生」的意志，甚至可能是「不擇手段」，對自己造成傷害。

對方「無理」，自知理虧，你在「理」字已明之下，反退一步，一般人多少都會心存感激。就算不如此，也不會再有無理的行為。這就是人性。得理讓人，不僅是一種積蓄，更是一種財富。

世界很大也很小，山不轉路轉，你今天得理不讓人，孰能料他日狹路相逢。若那時自己處於劣勢，他人處於優勢，你還如何讓人得饒人處且饒人？世事盛衰無常，今天的朋友，也許明天成為陌路；而今天的對手，也可能成為明天的朋友。

為什麼退一步能讓人有好人緣，這是因為，人在潛意識裡，對那些占有慾非常嚴重的人都存有警惕。所以，只有當你克制住自己的占有慾之後，才能收穫更多的信任。

▌控制慾暴露心中的不安

　　與占有慾一樣，控制慾也是人的本能，從心理上講：人之所以會產生控制慾，是因為內心的恐懼。

　　人在本質上是孤獨的。因為孤獨，所以我們害怕失去那些陪伴自己的東西，因而產生了控制慾。妻子希望能夠控制丈夫的動向，母親則習慣於控制孩子的行為，上司更是渴望洞悉員工的心思，這些都是控制慾的表現。

　　所有控制慾的起因都是一樣的，但是控制的方法卻呈多種狀態：威脅、誘惑和獎勵。

　　在生活中，經常看到一個人揪住對方曾經犯過的錯，用來威脅對方，為的就是造成對方的罪惡感和恐懼感。還有人千方百計的對一個人好，一旦發現對方做了對不起自己的事，就會說：「我對你那麼好，你怎麼那樣沒有良心……」這兩種做法的根源其實都是控制慾，都是想控制對方。

　　「洛克殺妻案」就是控制慾太強導致的惡果。

　　1993 年，美國警方為了破獲一起殺人案，不得不求助於聯邦調查局。FBI 在接手案件後，馬上就搞清楚了這起殺人案件的始末：

　　某一天，一個叫洛克的男人來警局報案，說自己的妻子在家中被殺。警方經過一番調查，始終沒能找到殺害洛克妻子的真正兇手。

　　當時 FBI 探員問警長：「會不會兇手就是洛克本人？」

　　警長回答：「我們一開始也有這樣的懷疑，但是經過調查發

現，洛克和妻子的感情非常好。我們也請測謊專家審訊過洛克，測謊專家認為，洛克在審訊的過程中始終顯現出極度悲傷的情緒，他根本沒有殺害妻子的理由，所以我們便將他排除在外。」

聽到警長的這番話之後，FBI 探員也開始相信：洛克是無辜的，殺害洛克妻子的另有其人。

為了搞清楚洛克妻子生前有什麼仇人，FBI 到電信部門找洛克妻子生前的一些電話錄音。其中，洛克打給妻子的一個電話讓 FBI 探員對洛克再次產生了懷疑。

洛克妻子：「親愛的，我今天晚點回去。」

洛克：「你要去哪兒？」

洛克妻子：「我們公司今天有晚宴，所有人都必須參加。」

洛克：「那好吧，晚宴結束之後我開車去接你。」

洛克妻子：「不用了，我自己回去就可以了。」

洛克：「不，我必須去接你。」

洛克妻子：「好吧。」

從這段電話錄音中，探員判斷：洛克是個控制慾非常強的人，所以他完全可能因為妻子在某些地方超出了他的控制，一怒之下殺死妻子。所以探員開始從這個方面著手調查。

真相在幾天之後終於浮出了水面，洛克正是殺害妻子的真正兇手……

以上的案例正是控制慾產生禍害的最好證明。一旦誰成了一個控制者，他就會越來越脆弱，越來越緊張、恐懼和絕望。在這種負面情緒的影響下，人很容易做出一些不理性的事情。

人可以有期待，但是不能處處想著去控制別人，我們要克制自己的控制慾。因為有控制慾的人，永遠處在不安全之中。若想

讓自己的心變得安全，我們需要坦然接受事實，努力控制自己的情緒，接納所有的問題。

人除了對至親有控制慾外，也會對其他人產生控制慾。人人都想成為主管，都想管別人，這也是控制慾的體現。

美國著名談判專家羅傑‧道森（Roger Dawson, 1940. 3. 19）曾經遇到過這樣一件事情：

一次，他去參加一家公司的商務宴會。當時他和這家公司的總經理坐在一起，高高興興地聊天。

突然，一個地區經理怒氣衝衝地走過來對總經理說：「我不知道公司是怎麼想的，我們部門最優秀的一個提案居然沒能獲獎。我手下的夥伴們為了這個提案付出了所有的心血，我以後還怎麼激勵他們？」

總經理見對方如此無禮，立馬就針鋒相對地回應道：「那是因為你們的報告晚了整整七天，你明白嗎？」於是兩人吵了起來。

兩個人針對一個簡單的問題居然一吵就是二十多分鐘，到最後兩個人已經完全失去了理智，爭論的焦點也早已偏離了問題本身。

這時候道森看不下去了，他站起來對那個總經理說：「區域經理是想獲得一份獎勵，你能給他嗎？」

總經理正在氣頭上，說：「絕無可能。」

道森聳了聳肩，對區域經理說：「既然獎勵已經拿不到了，如果總經理能親自慰問一下你的員工，可以嗎？」

區域經理說：「如果不能得獎的話，這樣倒是可以。」

道森對總經理說：「區域經理已經做出了妥協，你是不是也

能夠讓一步，滿足這個要求呢？」

總經理當即表示同意，一場無意義的爭吵就在彼此的妥協中結束了。

事後，道森說：「在你真正決定和對方爭吵之前，不妨先做出妥協，相信許多不必要的麻煩就會因此消失。」

這個故事中的兩位公司主管就是控制慾的受害者，因為控制慾的影響，他們失去了最簡單的理性判斷力，所以才會影響到公司內部的團結。其實，拋開控制慾來思考問題，你往往會發現：事情原本很簡單。

從心理學的角度來看，控制慾是弱者的心理，是一種示弱的表現。控制慾常常會破壞自己和他人關係，形成負面效應。所以，一個善於藏心的人，應該學會控制自己的控制慾。

事實上，所謂「絕對控制」，是不會實現的。因為沒有一個人會被另一個人真正地控制住。那些看起來被「控制」的人，其實也是被控制者為了某種需求的妥協。

比如「妻管嚴」，看起來是被妻子控制了，但事實上他不過是想維護自己的家庭。如果有一天他不想要自己現在的家庭了，那他一定會擺脫控制。

對於有控制慾的人來講，控制慾帶給他們的也大多是痛苦和焦灼。比如戀愛中的兩個人，擁有控制慾的一方會因為另一方的一舉一動而感到焦慮，這對於個人、對於愛情，都沒有什麼好處。

所以，你如果是一個有控制慾的人，一定要學會藏心，克制自己的控制慾，至少也要將控制慾隱藏在心裡別表達出來，否則將帶給自己和對方無盡的苦惱。

調整心態，建立安全感

我們不止一次提到，人之所以會有領域感、控制慾和占有慾等負面心態，就是因為心中缺乏安全感。所以，我們若想藏住自己心中的這些負面情緒，就要學會重新調整自己的心態，讓自己更富安全感。

詹姆斯和霍華德都是 FBI 的精英探員，他們都有可能在不久之後獲得晉升，成為 FBI 地區負責人。由於地區負責人的職位只有一個，而現在卻有兩個候選人，所以，FBI 總部必須在這兩個人中間做出取捨。

不久之後，這兩個人就接到了總部派給他們的新任務。此次任務十分艱鉅，詹姆斯和霍華德心裡也清楚，這可能是上司給他們的一次考驗。誰如果能夠順利完成任務，誰就可能獲得晉升的機會。

詹姆斯在接到這個艱鉅的任務之後，覺得自己似乎並沒有能力做得比霍華德好多少，心裡難免有些惴惴不安。但是為了讓上司和下屬覺得自己完全能勝任眼前的工作，他開始表現得像一個新加冕的國王，用一意孤行甚至言過其實的行為，來隱藏自己的不安全感和自我懷疑。

由於詹姆斯以前習慣於孤軍奮戰，沒有管理一個團隊的經驗，所以雖然他表現得很強勢，依然不能很好地將任務進行下去，遭遇了許多挫折。從此，他的不安全感變成了對失敗的恐懼，他的沮喪變成了好鬥和攻擊。

與詹姆斯相反，霍華德則採取了一種截然不同的方式。對他

來說，獲得上司的賞識不過是自己人生路上的又一次前進。他馬上調整了心態，將精力集中於全新的目標上。他開始著手組建屬於自己的團隊，想方設法提高團隊的士氣，開發團隊中尚未展示出的才華。不久之後，他便順利地完成了任務。

最終，霍華德獲得了晉升。

這個案例中的兩位 FBI 探員，之所以有不同的表現，其實還是要歸結為心理控制的作用。每個人都是目標導向，所以當一個人朝著目標專注前行時，內心才會真正強大。這就和我們騎自行車一樣，只有在前進時才能保持平衡、鎮定和安全感。如果止步不前，就會因失去平衡而摔倒。

領域感其實就是一種止步不前的表現。當一個人將所有的注意力都放在自己已經獲得的領域上時，他就失去了開拓新領域的動力。因此，他才會對現有的這塊領域如此在意，這是因為他沒有進一步追逐的勇氣，更害怕失去自己所得到的一切。歸根究底，這些人的內心其實是充滿懦弱和恐懼的。

在現實中，那些有安全感的主管，總想將那些比自己更聰明、更能幹，往往也更老到、經驗更豐富的人招至麾下。但是那些沒有安全感的人，總是不喜歡用能力比自己強的下屬。

為什麼呢？因為有安全感的領導人無時不在發憤圖強，關心做哪些該做的事，勝過關心其他一切事情；而沒有安全感的領導人則更關心表面現象，而且害怕顯露出任何脆弱或無能的跡象。

由此，我們也可以得出一個結論：藏心術的關鍵，在於強大自己的內心，豐富自己的手段。

言歸正傳，讓我們把話題再次轉移到「安全感」上。從心理上講，如果不再高高在上，而是放下架子，你就會覺得更安全，

也能更好的隱藏自己的內心。因此，你要屏棄超出理智範圍的領域感。

　　領域感意味著故步自封，意味著止步不前，更意味著深藏內心的恐懼。我們之所以要屏棄領域感，不僅僅是因為領域感所導致的占有慾和控制慾會直接暴露我們的內心，更是由於領域感讓我們的心靈更虛弱，讓我們沒有安全感，這對藏心是大大不利的。

STEP 7

應變

不驚訝，融化凍結反應

凍結反應（Freeze Response）是一種人類本能的條件反射，在我們遇到危險或是面臨困境時，就會產生凍結反應。我們也應該意識到，凍結反應經常暴露我們的內心。所以，我們應該最大限度地控制自己的凍結反應。

在本章中，我們將從凍結反應是什麼說起，然後一步步教會大家從各方面來克制自己的凍結反應。透過本章的敘述，相信大家一定會對凍結反應有深刻的認識。

什麼是凍結反應？

FBI 探員在追捕一名嫌犯，據可靠情報，這名嫌犯就潛藏在他母親的家中。由於嫌犯的母親年事已高，所以大張旗鼓的對其居所進行搜查似乎並不合情理。如果搜查到嫌犯，一切還好說；但是如果情報有誤，那麼一切都不好解釋了，還可能對老人造成負面影響。這時候，FBI 探員決定先對老人進行詢問。

當探員問道：「妳兒子在家嗎？」他注意到她把手放到額頭上，說：「沒有，他不在。」

幾分鐘後，探員再次問道：「妳兒子會不會趁妳外出時偷偷潛入妳的房子？」她又一次將手放到額頭上，然後說：「不，應該不會。」

最後一個問題：「那麼，我要做紀錄了，妳兒子確實不在這間屋子裡是嗎？」這一次，她仍然想把手放在那個位置上。

由此，探員肯定這個老人是在說謊，於是他申請了搜查令，結果她兒子就藏在一個密室裡。

這是 FBI 偵查工作中的一件往事。探員根據什麼判斷這位老人說謊呢？就是那隻放在額頭的手，她之所以把手放在那裡，就是因為凍結反應造成的。

在 FBI 探員追查案件時，經常會根據人的凍結反應來判斷一個人的精神狀態和他內心的波動。而在現實生活中，我們自身的凍結反應也常常暴露出我們的緊張、恐懼和不安，讓明眼人一眼看穿我們的內心。那麼，本章將告訴大家，如何控制我們的凍結反應，進而影響我們的恐懼和不安……若想做到這一切，首先讓

我們從什麼是凍結反應說起。

在科學上，對凍結反應的解釋是：邊緣系統（Limbic System）使用的第一種防禦戰略就是凍結反應。移動會引起注意，一旦感到威脅時立刻保持靜止狀態，這是邊緣系統為人類提供的最有效的救命方法。

這個解釋太過學術化，深奧難懂，其實我們舉個簡單的例子，就能搞清楚凍結反應是什麼。你們一家人在吃飯的時候，突然聽到門外傳來非常巨大的敲門聲，這時候你們一家人會是什麼反應？是不是所有人都停下吃飯，看著門口，沒人發出聲響，在數秒之後才有所反應？在那一刻，時間和空間似乎像是被凍結了一般。這就是我們的凍結反應。

凍結反應有時會對人造成不利的影響，像是一個人在過馬路的時候，突然有一輛失控的卡車從意外的地方衝了出來，這時候最好的選擇就是趕緊逃走，但事實上，很多人這時候會被凍結反應所控制，呆住了！從而失去了最好的逃生機會，釀成慘劇。這就是凍結反應的負面效應。

有人會說，凍結反應讓人變得遲鈍，而且會暴露我們的內心，對人而言大大有害！毫無疑問，這個說法是完全錯誤的，我們任何一種下意識的行為，都是自然選擇的結果！

大約一百萬年前，原始人類在極度危險的環境中求生存。那時，許多大型獵食動物都可能對人類造成致命威脅。然而，他們最終生了下來，很大程度上是因為他們所擁有的凍結反應。

很多動物 —— 尤其是大多數肉食性動物，對移動非常敏感。例如我們看到了一隻狗，如果你下意識的逃跑，這隻狗很可能兇猛地撲向你；但是你若是靜止不動，這隻狗很可能不敢輕舉妄動。而我們的祖先，面對的是更加兇殘的動物，若是看見獵食

者就跑，很可能招致追殺，還不如先靜止一下，然後再想辦法，所以他們更需要凍結反應來保全自己的性命。

　　這就是凍結反應，以及凍結反應的由來。

▋凍結反應的具體表現

　　凍結反應的有幾種表現，如靜止不動，或因為約束而重複做同一個動作等等……但是這並不是凍結反應表現的全部。本篇，我們將有系統地介紹凍結反應的表現。

　　凍結反應的第一個表現，是呼吸！俗話說的「大氣都不敢喘」，這是經典的凍結反應之一。

　　在受到驚嚇時，人的本能反應是快速吸一口氣，留著備用。但感受到恐懼的時候，尤其是迫於客觀條件不能逃跑、不能反抗的時候（比如現代社會的規則、禮儀等），則會出現屏住呼吸或減弱呼吸的凍結反應。

　　當然，呼吸的凍結反應比較難以觀察，因為沒有誰能一眼看出其他人是在呼吸還是在憋氣。其實，除了呼吸之外，凍結反應還體現在許多肢體動作上。

　　凍結反應體現在肢體語言上，首先發生作用的就是手的約束。

　　不知大家有沒有這樣的感覺，當第一次站在一個大舞臺上，面對著臺下數百觀眾的注視，一定會覺得渾身不自在。這時候，連自己的手都不知道應該如何擺放了。

　　還有，有些女士常常習慣將自己的雙手拉住放於身前，這個動作也總是被人看作是可愛的表現。但事實上，這是她們緊張情緒的一種暗號，如果她們的手不這樣相互約束的話，她們簡直不知道把它們放到哪裡才好。

　　男士常見的動作則是將雙手拉住背在身後，這經常被人認為是沉穩大方的表現，但其實也是出於緊張。

還有幾種比較難以發現的動作，看起來很酷，但其實也屬於手部的約束性動作，比如將雙手插入口袋。還有新手主持人用一隻手拿住麥克風，另外一隻手插入口袋。

當然，不瀟灑的手部約束也有，比如用袖子將手攏起來。這個動作看起來是因為冷，但也可能是由於緊張而導致的手部約束。

其實，這些姿勢的出發點是一致的 —— 透過外力來約束手部。這些手的反應在具體的情境中，都是在不知所措的情況下所產生的凍結反應，映射了內心的緊張和焦慮。

肢體語言所反映的凍結反應還體現在腳上。

腳上的凍結反應主要體現在，當人感到恐懼時，立刻會把腳擺到即將要逃跑的狀態中。此時，人的腿部為了準備逃跑而會大量充血，身體其他部分則供血不足，會產生手心發涼的後果。

某所學校發生了一起女教師被謀殺的案件，FBI 探員迅速趕往學校，對學校中的可疑分子進行排查。

但是經過一番調查，探員發現，學校沒有一個人和這位教師有過衝突，根本就沒有人有理由殺害這位教師。

無奈之外，探員只好和校長握手告別，另謀線索。

但是在和校長握手的時候，探員發現這位校長手掌冰涼。FBI 探員認定，這位校長是在內心極度恐懼的前提下才產生了這樣的「凍結反應」。

他為什麼會感到恐懼？是不是和案件有關？抱著這樣的疑問，FBI 探員把偵察對象放到了校長身上。

根據調查，終於真相大白。原來，這位校長和女教師有私情，而女教師則以此威脅校長，校長無奈之下，終於痛下殺手。

一起殺人案件，就在一次不經意的握手中，找到了真相！

除了呼吸和手腳的反應之外，凍結反應還有一個體現，那就是表情。

一般情況下，在凍結反應中，人的臉部表情會瞬間僵化。如果負面刺激壓力過大，凍結反應也會呈現在臉上，讓人失去禮儀和修養的矜持，表現為臉部肌肉僵化，表情僵硬。在這個過程中，即使是最靈活的眼睛也會表現得滯澀，雖然因為需要繼續觀察，還會輕微的運動，但總體上是會盯著負面刺激源頭，以便尋找後續的解決方案。

所以，如果你發現一個人表情僵硬、眼神呆滯，總是盯著一個地方，那麼他很可能是產生了凍結反應。而他所盯著的地方，就是讓他感到恐怖之所在。

以上種種表現，都是凍結反應的結果。而接下來，我們將教大家如何避免這些凍結反應，藏住自己內心的恐懼！

▌凍結反應的減敏法則

要想真正抑制自己的凍結反應，或者說讓自己的凍結反應表現得不那麼明顯，我們還需要從消除凍結反應的根源做起。

我們知道，凍結反應的根源就是我們心中的恐懼和不安。所以要想消除我們的凍結反應，第一步就是抑制內心的恐懼。

在生活中，能給我們帶來恐懼的事情太多了。寂靜中的一聲驚雷、黑暗中一閃而過的身影，甚至是在社交時遇到一個陌生人（即所謂的社交恐懼症），都能引起我們的凍結反應。

而事實上，在大部分時候，我們的恐懼其實是毫無必要的，那些讓我們感到恐懼的東西並不能帶給我們任何實質性的傷害。所以，我們的恐懼僅僅是一種心理作用。所謂心病還需心藥醫，若想消除恐懼，我們需要想辦法讓自己的心理變得更強大一點。

在 FBI 的訓練科目中，有一項叫做「深入敵後」。在這個訓練中，FBI 探員會被派遣到一個完全陌生的地方，獨立完成一項任務。

一個人到一個陌生的地方，而且是去執行危險的任務，甚至連一個能夠在一起說說話的人也沒有。此時，探員所要面對的不僅僅是對敵人致命威脅的恐懼，還要承受對孤獨的恐懼、對陌生環境的恐懼……

FBI 之所以這麼做，就是因為他們知道：若想沒有恐懼，就必須先讓自己習慣於恐懼。所以，他們才會把自己的下屬放置於孤立無援之中。

事實證明，FBI 的這種訓練方式是非常有效的。很多承受得

住考驗的探員，在任務結束之後，都大有長進。他們變得更沉穩幹練，更善於隱藏自己。這些能力，都是他們在極度危險的條件下，在高強度的恐懼中練就而成的。從此以後，無論將他們派到任何危險的地方，他們都會從容不迫。因為他們的心，已經在磨練中漸漸強大起來！

FBI 這種置之死地而後生的訓練方式，或許可以給我們一些啟發。在我們感到恐懼，因為恐懼而暴露自己內心的時候，我們更應該去主動接近那些讓我們感到恐懼的東西，你會發現，自己的恐懼會逐漸消失。在心理學上，人們將這種鍛煉方法叫做「循序減敏法」（Systematic Desensitization）。

所謂「循序減敏法」，就是讓人反覆接受恐懼刺激物的刺激，使其逐漸適應這種刺激物，逐步消除自己的恐懼。比如，有些人非常害怕打針，但是如果他患了一場大病，每天都需要打針，過幾個月你就會發現，這個人對打針的恐懼已經完全消失，因為他習慣了。

如果我們想要更好的藏心，不妨採用循序減敏法來提高自己的藏心能力！假如一個談判新手需要和一個重要客戶談判，肯定會感到緊張。在談判現場，他很可能因為恐懼而產生凍結反應，被對方看出他的底限。但是如果這個人經歷過許多類似的談判，那麼他一定會從容得多，心機也藏得更深，就能更好地勝任自己的工作。

所以，在實踐活動中，如果你經常對某種事物產生恐懼，就更應該主動、積極地去接觸它，從而消除恐懼。例如社交恐懼，在有陌生人的場合中，如果侷促不安，處處謹小慎微，臉紅心跳，語無倫次，那你就要經常參加聯誼活動，逼迫自己與陌生

人打交道。那樣，你就會在交往中得心應手，落落大方，瀟灑自如，社交恐懼也就消除了。

我們曾反覆強調，生活中大部分產生凍結反應的恐懼，都是一種心理作用，你沒必要因此而畏縮不前。你不能因為這一次你沒有處理好一件事情 —— 被人看穿、被人識破，最終功敗垂成 —— 就覺得：我永遠也做不好，我無法克制自己的恐懼，我不能從容自如，我不能隱藏自己。事實上，只要你多去經歷，多去感受，終有一天你能夠做好的。

▌轉移內心的恐懼

　　現實生活中，減敏法是非常有效的，但是這個方法有一個缺點，那就是需要有計畫的、長時間的磨練和堅持。假如我們遇到了什麼突發事件，減敏法就沒有什麼作用了。而在我們的生活中，突發事件不在少數，有時候我們更需要在突發事件中隱藏自己的真實想法。所以，我們還需要另一種方法來對抗恐懼，以達到在危急關頭藏心的目的──「轉移刺激法」。

　　所謂「轉移刺激法」，就是把自己的注意力從引起恐懼的刺激物上暫時移開，這樣雖然並不能消除對某種事物的恐懼，但是卻能暫時消除懼怕心理，以達到在面對突發事件時藏心的目的。

　　FBI 探員傑森曾經遭遇過一次生與死的考驗。在某次執行任務的過程中，他被窮凶惡極的歹徒抓住了。由於他曾經多次破壞歹徒的犯罪行為，所以歹徒對他恨之入骨，不願意馬上打死傑森，認為那樣算是便宜了他。

　　歹徒將傑森帶到一個密室中，綁住他的手腳，然後狂笑著對傑森說：「你將在這裡度過你的餘生。我們很仁慈，不會輕易殺人。哈哈哈！」說完歹徒就轉身離開，在臨出門的時候，歹徒又回過頭對傑森說：「忘了告訴你一件事情，這裡有一顆定時炸彈，將在兩天後，也就是四十八個小時之後爆炸，你好好享受你的生命吧。」說罷便將沉重的大門關上了。

　　在一聲悶響之後，一切都歸於平靜，緊接著，密室裡的燈光也滅了。在黑暗的密室中，空氣似乎都凝結了。

　　在那一剎那，傑森陷入短暫的恐懼中。的確，在無邊的黑暗

和寂靜中等待死亡，確實是一件讓人崩潰的事情。傑森知道，現在唯一的生路，就是等待自己的隊友來解救自己。而這唯一的生還希望，其實也非常渺茫，因為隊友不見得能找到這裡，更不見得能在炸彈爆炸之前找到這裡！想到這裡，傑森的心沉了下去。但是他馬上意識到，如果任由自己的恐懼心理蔓延下去的話，自己的精神恐怕很快就崩潰了，自己說不定會在爆炸之前就已經被嚇死了！

　　想到這一點，傑森就打起了精神，試圖忘掉自己當前的慘境。但是瀕臨死亡的恐懼是無法克制的，百般無奈之下，傑森絕望地唱起了歌。作為一個搖滾歌曲愛好者，傑森開始想像，自己站在舞臺上為數萬人歌唱。逐漸地，他在歌聲中忘記了自己的處境。

　　就這樣，傑森開始無休止的歌唱。他不知道時間，不知道疲倦，完全進入了另一個世界。終於，他的歌聲被打斷了，因為有人把門打開了，是他的隊友！

　　當其他 FBI 探員看到傑森的時候，他們完全不能想像，這個聲嘶力竭唱著歌的人已經在死寂的黑暗中待上整整三十個小時！更可怕的是，他隨時面臨著死亡的威脅！而現在，他的表情卻像是一個超級巨星在舞臺上表演。

　　事後，傑森的故事成了 FBI 的奇蹟。許多任職於 FBI 的心理學專家都說：這本身就超乎想像，因為一個人在絕對的黑暗和寂靜中待上十二個小時，就將面臨心理崩潰；如果這樣的環境中還有一顆隨時會爆炸的炸彈，我想普通人連五個小時也堅持不了；但是這個人卻在裡面「饒有興致」地待了整整三十個小時，絕非常人能夠做到。

我們回過頭想想，傑森之所以能戰勝恐懼，是因為他成功地轉移了對恐懼的注意力，這是對我們最大的啟發。

如果我們想要藏心，不想被人看穿自己的內心，透過轉移注意力的方法，不去關注那些讓自己恐懼的事情，恐怕是個非常好的方法。

有一個自卑感很強的男士，經過長期的摸索，發現轉移注意力可以有效地轉移自己對自身缺點的注意。當他轉移了注意力，腦子裡就不再有自卑感和因為害怕出醜而產生的恐懼。這樣一來，他的行為舉止就自然回歸了本性。在別人眼裡，他成為自信從容的人。而他身上即便有缺點，也就不容易被別人輕易發現了。

其實，這位男士就是採用了轉移法來藏心。

恐懼就是這樣一種東西，你越是想越是害怕。索性什麼都不想了，你就會發現，那些讓你感到恐懼的事情，其實也沒什麼。所以，我們在恐懼面前應該學會「轉移」，這樣就不會暴露自己的內心了。

▌心靈之窗的出賣

如何避免凍結反應來隱藏我們的內心？首先你要「管住」你的眼睛。

人們說眼睛是心靈之窗，確實我們很多情緒都是透過眼睛透露出去的。由於人們在談話的時候，第一個觀察到的地方就是對方的眼睛，所以管住自己的眼睛往往就等於隱藏了自己的內心。許多人就是由於沒有管住眼睛而被人看穿的。

FBI 知道對於狡猾的人來說，他的眼神要比語言可信得多。

桌子對面的男人小心謹慎地回答 FBI 探員提出的問題。他既不是謀殺案的主要嫌疑人，也有充分的證據證明自己案發當時不在現場，但探員依然不停地追問：

「假如你參與這宗案件，你會使用槍嗎？」

「假如你參與這宗案件，你會使用錘子嗎？」

「假如你參與這宗案件，你會使用冰鑿嗎？」

其實，冰鑿正是作案的工具，所以探員想看看嫌疑人聽到兇器名稱時，會作出何種反應。

果然，那男人一聽到「冰鑿」這兩個字時，眼皮垂了下來。根據這一點，他被作為第一嫌疑人調查，隨後的事實證明他沒被冤枉。

上面是 FBI 探員喬‧納瓦羅敘述的一件事情，證明了臉上最為誠實的部位，就是眼睛。那麼，如何管住自己的眼睛，避免暴露心中的想法，防止凍結反應？

如果你感覺心中有壓力，就盡量將視線轉移到美好的事物上去，讓自己的心境好起來，以此來掩飾心中的負面情緒。也就是說，你不要總把目光放到那個讓你感到恐懼的地方，那樣會暴露你的內心。

當然，你的眼神也不能過於游移，因為凍結反應還有一個表現，那就是眼珠亂轉，這也是內心恐懼之後的一種表現。所以在危險時刻，你一定要把眼神放在一個能讓你感到愉悅的地方。當你的眼中盡是歡欣之情的時候，誰也不能發現你的恐懼。

管住了眼睛之後，你還要管住自己的手。很多人在「心裡有鬼」之後，會顯得手足無措，或是下意識的做出反應，這會極大地暴露自己的內心想法。相反，如果能夠控制自己的手，就會藏住自己的心。

在這裡，我們用一個耳熟能詳的例子來說明，克制自己手部凍結反應來避免暴露內心想法的好處。

東漢末年，曹操持短劍去刺殺董卓。當時董卓背對曹操，曹操乘機拿出短劍，準備下手。而此時，董卓卻突然轉過身來。這時曹操肯定是非常驚懼的，如果他產生了凍結反應，要麼是僵住不動，要麼是下意識的逃跑，那麼他的小命就難保了。但是曹操卻沒有被凍結反應所控制，而是順勢說：「我要把寶劍贈與你。」從而避免了殺身之禍。

曹操的這個案例，就說明了避免凍結反應的好處。但是我們如何才能修煉得和梟雄曹操一樣厲害呢？

首先，你要鍛煉自己對情境的掌控感。比如，一檔很受歡迎的電視節目主持人在自己的攝影棚，即使人再多，場面再大，也

不會感到恐懼。為什麼呢？因為他能掌握這個情境。

FBI 為了鍛煉對情境的掌控感，常常會進行一些「非人」的訓練。為鍛煉特戰隊員的心理強度，會把他綁在即將駛來的火車鐵軌上；在實彈射擊中間，假人旁邊就站著你的隊友。總而言之，他們要的，是在任何危險情況下都能保持冷靜的人。

一些退役 FBI 探員說：「我們並不需要那些在酒吧鬥毆中的打架能手，我們真正需要的是這樣的人：他能夠走進一個酒吧，立刻意識到這不是個好地方然後馬上離開。」

在緊張局勢下執行任務時，能否冷靜觀察可能意味著是消除危機還是引發危機。

1996 年 4 月，一支 FBI 探員隊降落在賴比瑞亞的蒙羅維亞，以幫助那裡的美國人和其他國家的人擺脫內戰威脅。此時情況已經很複雜，恐怖分子在使館附近搶劫，站崗的探員遭到槍擊。狙擊手朝使館裡開槍，直升機飛行員偶爾看到流彈從擋風玻璃前掠過。

但是，在將近兩週時間裡，這支探員隊未發一槍，撤退了二千一百二十六人，最大限度減少了在使館周圍交火的可能性。

FBI 之所以能在任何時候都保持冷靜，是因為他們在訓練中已經模擬了任何危險的場景。比如在鐵軌上面對火車，或對著離隊友很近的假人開槍。他們適應了這樣的場景，所以能在這般的場合中保持冷靜。

我們不會經歷那樣的危險時刻，所以不用將自己放到火車鐵軌上，但是我們可以模擬一下可能會感到緊張的場合。

比如，你去面試之前，如果害怕緊張，可以找個人扮演面試

官，來提問一些面試中可能會問到的問題，然後你做回答。

　　你在女孩面前總顯得不知所措，可以多嘗試著和一些女孩約會，時間久了，你適應了那個場景，就不會再感到緊張，更不會產生凍結反應了。

　　總而言之，情景再現，是避免凍結反應的一種好辦法。

　　除了情景再現之外，還有很多辦法可以避免凍結反應，下面我們將再進一步講述。

▌視線露了餡

　　什麼能引起我們對恐懼的反應？是聽到的聲音？是觸摸的感覺？還是親眼目睹的恐怖事物？相信對於大部分人來講，更傾向於第三者。

　　所謂耳聽為虛、眼見為實，那些被我們直接看到的事情，更能帶動我們的情緒。比如，如果有一個人在給你講一個恐怖故事，即使他講得再好，你也可能僅僅是稍有恐懼。但是，如果故事中的那些場景，是你親眼看到的呢？那時你的恐懼感，肯定要比僅僅是「聽說」大得多。

　　眼睛除了能夠帶給我們最為直接的感受之外，它本身也會對外界產生直接的反應。瞳孔實驗就有力地證明了這一點：人們在看到喜歡的事物時，瞳孔會放大；在看到不喜歡的東西時，瞳孔則會縮小。

　　之所以會產生這樣的反應，其實還是源於人的天性。在瞳孔放大的時候，人能夠盡可能地去觀察自己喜歡的事物；而瞳孔縮小，則意味著人對眼前的事物有逃避心理，以避免受到負面刺激。當然，瞳孔的變化是非常隱密的，一般人是難以察覺的。

　　所以，一個人在遇到事情時，如果只有瞳孔發生變化，那他肯定是藏心的高手。他們即使內心波瀾壯闊，外表也不動聲色。但是對於絕大多數人來講，他們在受到視覺的刺激之後，不僅瞳孔會發生反應，還會產生如視覺轉移、眼神飄忽不定等狀況。這樣的人，就更容易被人識破，屬於不善於藏心的那類人。

　　FBI 曾經專門研究過人在各種狀態下，眼睛所產生的變化。他們發現，當一個人遇到刺激而產生負面情緒的時候，例如愧

疚、心虛、尷尬或者恐懼時，往往會產生視覺逃避。也就是說，他們不會一直盯著那個對他們產生刺激的事物看。這時候，他們的目光會盡量轉向那些讓他們感到愉悅的事物上，這樣他們的負面情緒就會快速衰減。

但是問題來了，在對方還沒有發現你情緒異常的時候，你轉移視線確實有調整情緒的功效；假如對方已經對你的情緒異常有所察覺，這時候你如果還想用轉移視線的方式來調整自己的情緒，恐怕為時已晚，而且對方很可能會因此確認 ── 這個人一定是想在掩飾什麼！那麼，你想要藏心就難上加難了。

所以，在你已經露出馬腳的時候，不妨鎮定一些，不要讓自己的眼神顯得太過飄忽，這樣才能真正藏心。

從這裡我們也可以看出，藏心確實需要隨機應變，這世上沒有哪一種方法能讓你永遠不被別人看穿。只有在最合適的場合，選擇最合適的方式，才能做到真正的藏心。在這方面，發生在FBI 探員身上的一個經典案例，或許能給我們啟示。

1987 年，FBI 截獲了一份重要情報：美國政府內部有某敵國的一個間諜。當時 FBI 並沒有在第一時間逮捕這個間諜，他們想利用他，向敵國傳達一個錯誤的情報，上演一齣「反間計」。

FBI 獲悉，這個間諜下一步的任務是盜取一份機密文件。所以他們造了一份假檔案，就等著間諜「自投羅網」。與此同時，FBI 還安插一個探員進入到政府部門，專門負責保管檔案。探員的任務，就是「指引」間諜盜取假檔案。

探員在進入政府部門之後，很快就和周圍的同事建立了良好的關係，當然，也包括那個間諜。作為一個「新人」，和老員工搞好關係是件很正常的事情，所以探員的這一舉動並未引起那個

間諜的懷疑。

某一天，那個間諜主動邀請探員到自己家共進晚餐。探員知道，間諜一定是想從自己口中套話。雖然自己的任務就是告訴對方「假檔案」的具體位置，但是如果太過刻意的話，肯定會讓對方懷疑。而且，作為專門保管檔案的負責人，那樣也顯得太沒有專業素養了。對方怎麼能相信呢？探員決定耍一些小花招。

席間，間諜和探員邊喝酒邊聊天，聊的都是些家常話。探員知道，真正的考驗還沒有開始，好戲還在後頭。

果然，飯過五味、酒過三巡之後，那個間諜嘆口氣，說：「我真羨慕你們這些搞後勤工作的，天天在辦公室閒坐。哪像我們，每天要面對那麼多事情，整天提心吊膽的應付上司。」

探員連忙道：「別這麼說，我們這活也不見得好到哪裡去。最近幾天，第三檔案室⋯⋯」說到這裡，探員趕忙停下了話，還裝作非常緊張的樣子，眼神飄忽不定。

間諜見狀也沒多問，岔開了話題。探員心中暗想：「果然上鉤了。」

幾天後，藏在第三檔案室的那份假檔案果然有被人動過的痕跡⋯⋯

這個案例中的 FBI 探員，為了讓對方相信自己說的話，故意表現出一種試圖掩飾自己內心的狀態，這屬於反其道而行之的藏心術。更為關鍵的是，在這個過程中，他的眼神發揮很大的作用，這讓對方堅信：這個人所說的一定是真的，因為他想掩飾自己！而探員則透過這種方式，將真相隱藏起來。這可以算作是藏心的另一層境界了。

其實，我們如果想要掩飾自己的真實內心，不妨透過對視線

的控制，先讓對方相信「假像」。這種方式，我們在生活中其實經常可以看到。

比如，你買一件衣服，這件衣服老闆開價二千，而事實上，這件衣服賣到一千二老闆還有得賺。但是當你砍價砍到一千六的時候，老闆便做出一副痛心疾首的樣子，眼中充滿了不可能、絕對不賣的神情，並且對你說：「我這進價就一千六，你再多給點。」這種情況，其實老闆就是想將你引到一個假象中，以隱藏自己心中真實的價格定位。

藏心是一門特別高深的學問，這裡沒有什麼固定的路數可言，只有活學活用，才能做到最好。而本篇，就是想讓大家知道，對於自己視線的小小控制，就能在不同的場合中發揮意想不到的藏心作用！藏心術的「博大精深」可見一斑，我們將在之後的篇幅中繼續介紹。

▍隱藏你的戰鬥反應

當一個人遇到危險，會自然而然的產生凍結反應。如果事件進一步惡化時，凍結反應會轉化為戰鬥反應。也就是，當你意識到危險已經無法逃避，你的潛意識會激發你的戰鬥意志，讓你充滿攻擊性。

有時候，我們的恐懼會轉化為憤怒。像是，人在走夜路的時候，突然有一個黑影竄了出來，這個人肯定會被嚇一跳。緊接著，他會感到非常憤怒，這時他會充滿攻擊性。

我們仔細想想：這個黑影，其實沒有給他造成任何實質性的傷害，而他憤怒的原因，僅僅是因為這個影子讓他感到恐懼。所以說，恐懼所導致的憤怒，大多是不理性的。大多數憤怒都會給我們的生活帶來麻煩，而不理性的憤怒更是如此。

憤怒之所以可怕，是因為憤怒經常會讓人產生戰鬥反應，讓我們只想著用暴力手段解決問題。在現代社會中，暴力手段應該得到最大程度的克制，因為沒有一個國家的法律和道德，容許一個人肆無忌憚的採取暴力解決問題。所以，我們要藏心，就必須學會克制自己的戰鬥反應。

1992 年，一名 FBI 探員奉命進入墨西哥黑幫組織臥底。這個黑幫組織的老大是墨西哥著名的大毒梟，FBI 此次行動的目的，就是調查清楚這個大毒梟是透過什麼管道將毒品販賣到美國本土的。

這名 FBI 探員在進入這個黑幫組織之後，開始了祕密調查。

突然有一天，大毒梟要探員到自己的辦公室一趟。作為大

毒梟的「下屬」，探員只得從命。這位探員在進入辦公室之後，立刻感覺氣氛有點不對。在辦公室裡還坐著幾個兇神惡煞的人，他知道這些人都是黑幫裡的打手，他們在這裡，肯定沒有什麼好事情。

果然，還沒等他開口，大毒梟就掏出一把手槍，指著他說：「別以為我不知道，你是警方派來的臥底！我今天就殺了你。」

事後，探員回憶起當年的場景時，依舊心有餘悸：「當聽到對方的那句話時，我的第一反應是：事情暴露了，我必須殺出去。但是這個想法僅僅在我腦子裡停留了零點幾秒，因為我知道，即便是動手，也不見得就能跑掉。更何況，如果這僅僅是對方的一個考驗，那麼我一旦動手，就真的暴露了，不僅小命難保，我們的所有計畫都會泡湯。」

正因為有了這番考慮，所以探員克制住了自己的恐懼以及戰鬥反應，從容地說：「您開什麼玩笑，我怎麼會是條子？」

那個大毒梟依舊不饒人地說：「我都已經調查清楚了，你不要抵賴了，今天你死定了。」

探員依舊從容，說道：「如果您真的調查了我的背景，那麼您只會更信任我，因為我過去十幾年中都在監獄和逃亡的路上，我恨不得把那些追捕我的條子都殺光。」

見探員沒有露出破綻，大毒梟立刻換了一張臉，笑道：「哈哈，哥兒們，我只是開個玩笑。我一直都很信任你，現在，我有一件非常重要的事情要交給你辦⋯⋯」

這個探員一步步取得了大毒梟的信任，最終幫助 FBI 剿滅了這幫毒販。

我們不得不被案例中這位探員的機智所折服。我們仔細分析

一下，這個探員確實不是一般人。在大毒梟說已經識破他真面目的時候，相信這個探員也非常緊張。一般人在這種情況下，肯定會產生極度的恐懼，在恐懼的驅使下，不是奪路而逃就是「揭竿而起」。但是這位探員卻克制住了自己的凍結反應和戰鬥反應，成功地化解了一次考驗。由此可見，若想成就大事，就必須要學會克制自己不理性的衝動，更不能隨便表現出自己的戰鬥反應。

你或許會說：「我就善於克制自己的戰鬥反應，我從來都沒有過和別人動手的念頭。」如果你僅僅把與人動手當作是戰鬥反應的唯一特點，那就錯了！戰鬥反應包括了人類的一切攻擊行為。在現代社會中，最為頻繁的攻擊行為就是爭論。所以爭論也是戰鬥反應的一種表現。

爭論可以是辯論或討論，但是，對於很多人來講，爭論則成為了一種過分激烈的討論。本質上來說，過激的討論就是一場沒有身體接觸的戰鬥。在爭論中，侮辱、人身攻擊、反駁、誹謗、激將都是我們用來攻擊對方的一種方式。

我們要藏心，要克制自己的戰鬥反應，首先就應該克制自己想與別人爭論的念頭。或許因為某件事，你特別想和對方爭出個是非因果。但是你有無發現，大部分爭論到最後都會成為無止盡的各自堅持。

對於爭論雙方，想要搞清楚誰對誰錯非常困難，即便你有再多的論據論點，也無法真正說服對方。爭來爭去，除了得到一肚子氣之外，還在各執一詞的喋喋不休中暴露了自己內心的想法和弱點，讓別人有機可乘。

所以，我們應該盡量避免戰鬥反應下的爭論。因為任何進攻性的戰略都可能導致情緒混亂，精力不集中，如果這樣的話，你就不能對眼前的危險有正確的認識。

　　越是危險的時候，我們越要藏心。當我們的情緒上漲時，我們的判斷能力便會受到影響，只會讓自己暴露的更多，藏心就更加無從談起了。這是因為，此時此刻，我們的認知能力已經被劫持了，「劫匪」就是我們大腦的戰鬥反應。它已經占據了思想的制高點，會調動一切資源為「戰鬥」服務。這時，我們很難保持理性。所以，想藏心，就要先藏住自己的戰鬥反應！

STEP 8

理解

不害怕，消除心中的恐懼

　　恐懼的危害已經影響到了人的正常社交活動。隨著人們生活、工作的壓力越來越大，患恐懼症的人也越來越多。對於恐懼症，我們一定要有足夠的重視，即便恐懼還沒有發展到病態的地步，它也會給我們造成負面的影響。所以，我們有必要藏住自己內心的恐懼。

　　在本章，我們將向大家具體講一講人的驚恐反應，以及驚恐反應的隱藏和控制。

驚恐的危害

　　本篇我們將具體講述人的驚恐反應，以及驚恐反應的隱藏和控制。

　　恐懼是一種人類的心理活動狀態，是因為周圍有不可預料、不可確定的因素而導致的無所適從的心理或生理的一種強烈反應，是只有人與生物才有的一種特有現象。人類的大多數恐懼情緒是後天獲得的。恐懼反應的特點，是對發生的威脅表現出高度的警覺。

　　就恐懼而言，人和動物的最大區別是：動物只會對它們感受到的事物而恐懼，而人則會對不存在的東西產生恐懼。這就意味著，我們的恐懼在有時候是毫無必要的，這也是我們克制和隱藏自己恐懼的主要原因。

　　其實，人很奇怪：為什麼人會因為不存在的事物而感到恐懼。這到底是為什麼呢？

　　照英國神學家詹姆士‧里德（James Reid）的說法：「多少恐懼都是因為我們對世界的不理解和這個世界對我們的控制。」因為我們心中有未知的東西，所以會感到恐懼。可是你有沒有想過，既然是未知的東西，又有什麼好害怕的？我們又有什麼必要讓這些看不到的東西搞得我們心神不寧、亂了方寸？

　　心理學專家們曾經做過這樣一個實驗：他們找到一個死囚，告訴他：「我們現在有一種無痛的死亡方式，這種方式我們之前沒有採用過，還處在實驗階段。你如果同意配合我們做這個實驗，那我們將會給你的家人一大筆補償。」

　　死囚心想左右是一死，不如臨死前給家人做點貢獻，於是便答應了專家的要求。

　　在行刑的那天，專家告訴死囚說：「我們將割破你的動脈，讓你的血一點點地流乾，最終死亡。但是請你放心，你不會感到一點疼痛。」

　　然後，專家讓人矇住了死囚的眼睛，然後給他的手部做了局部麻醉。

　　在那之後，死囚聽到滴滴答答的聲音。死囚意識到：這是自己的血在不斷地往下流。幾分鐘之後，死囚便喪失了生命。

　　事實上，專家並沒有給死囚放血。他只是在死囚旁邊放了一個水桶，然後讓水不斷地滴到水桶裡。死囚完全是被自己的恐懼心理嚇死的。

　　這個案例說明了一個問題：恐懼會對人的心理和生理造成致命的傷害。那麼，恐懼對人體有哪些具體的危害呢？

　　當一個人感到威脅的時候，恐懼就產生了，這時候個體的活動會減少，一個人的目光會凝視危險的事物。如果危險還在不斷升級，就可能發展為難以控制的驚慌狀態。此時，會導致人產生激動不安、或哭或笑、思維和行為失去控制，甚至休克。

　　恐懼還會帶來一系列的生理反應，包括心跳猛烈、口渴、出汗和神經質發抖等，在恐懼反應中，肌張力、皮膚導電性和呼吸速度的增加主要與腎上腺素的功能相聯繫。

　　如果一個人長期生活在恐懼中，則會導致他患上「恐懼症」。

　　恐懼症是一種比較常見的心理疾病，主要表現在對某些事物過分的恐懼和焦慮上，不同的類型發病的原因和具體表現出的症狀差別很大。社交恐懼這類患者其恐懼對象主要為社交場合、

人際接觸等，如：害怕見人時臉紅（紅臉恐懼症）、怕與人對視（對人恐懼症）。這種恐懼症的患者具體表現如下：

❶對某些特定的事物或處境有不可抑制的恐懼，這種恐懼和特定事物所造成的危害是不相稱的。

❷在恐懼症發作時，會伴有頭暈、昏倒、心慌、顫抖、出汗等生理反應。這是比較明顯的恐懼症對人體的危害。

❸恐懼症患者會迴避讓他們感到恐懼的特定事物。

❹恐懼症患者本人也知道這種恐懼的過分、不合理、不必要，但是不能自制。

以上介紹的就是恐懼症對人體的危害。恐懼症的發生原因，一般是由於某種令人感到恐怖的刺激情境的強烈刺激或長期作用造成的。除了客觀因素之外，個人的認知水準和個體的神經系統的強弱，個人的生活經驗、意志力方面的偏差和缺陷也是造成恐懼症的原因。

恐懼的危害已經影響到了人的正常社交活動。隨著人們生活、工作的壓力越來越大，患恐懼症的人也越來越多，對於恐懼症我們一定要有足夠的重視。即便是我們的恐懼還沒有發展到病態的地步，它也會對我們造成負面的影響，所以，我們有必要藏住自己內心的恐懼。

▌理解，降低恐懼的程度

　　在現代社會，恐懼越來越有力地折磨著我們，到了每一個人都無法規避的地步。面對無常的世事，人是非常脆弱的。苦難、精神創傷，在我們的生活中幾乎不可避免，我們會因此而感到恐懼也是無可厚非的。但是如果我們的恐懼超出了理性，那我們就需要反省自己了。

　　FBI 著名探員吉姆在談到恐懼時曾經說過：

　　1986 年，烏克蘭的車諾比核電廠發生核能外洩事故，這是有史以來最為嚴重的核災。

　　在事故發生之後，許多附近的居民都生活在極度的恐懼中，因為根據最初的估計，將會有幾萬人因這場事故而死亡。核能外洩事故帶來最為恐怖的破壞不是來自於核反應爐本身，而是來自於人類的意識。在事故發生之後，那些驚慌失措的商人都立即離開了這個區域，使得該地區的失業率不斷上升，貧困也迅速蔓延。那些無法離開的當地居民焦躁不安、心理壓抑並開始酗酒和自殺。

　　因為害怕自己尚未出生的胎兒受到核輻射的污染，有將近超過十萬名的準媽媽選擇了不必要的墮胎。想像中的恐怖景象帶來大範圍的悲劇，在對核輻射的恐懼所造成的傷害面前，核輻射本身帶來的傷害要小得多。

　　根據多年後的調查來看，因核輻射而死亡的人數不足一百人。與此同時，美國每年有八千人因為曝曬於太陽光之下而患上皮膚癌。這就是說，陽光對人類造成的具體危害要比核災更為嚴

重，但是所有人都會因核災而感到恐懼卻沒有人會害怕陽光。由此可見，我們的恐懼在大多數時候是盲目的。

　　吉姆的這番話對我們啟發頗深，在大多數時候，我們的恐懼都是沒有必要的。如果不能控制這些沒有必要的恐懼，將會給我們的生活造成不利的影響。

　　舉個很簡單的例子，2011 年日本核電廠事故發生之後，許多人害怕食鹽安全受到影響，所以開始大量購買食鹽，對生活造成了極大的不便。這種恐懼，其實就是毫無必要。所以，我們應該學會用理智克制自己的恐懼。

　　心理學家丹尼爾・康納曼（Daniel Kahneman, 1934.3.5 -）說：「我們傾向於根據大腦中容易想起來的事件來判斷某個事件發生的機率。」事件發生的時間越近，或是你對時間的記憶越清晰，就越容易勾起你對同類事件的恐懼。所以，你的恐懼往往是經驗性的：你被一隻狗咬過，那麼在近期內如果你再看見狗，即使是一隻無害的寵物犬，你也會感到恐懼。

　　在生活中，大多數人在看到蛇或蜘蛛、老鼠之類的動物時都會害怕。有研究表明，人類的這種恐懼心理是在進化過程中形成的，這種現象可以追溯到非常遙遠的遠古時代。那時的地球還是各種爬行動物的天下，而早期的哺乳動物為了生存和繁衍，不得不小心防範。在那些看上去很嚇人的爬行動物中，有不少確實是對人類有致命危險的。在處處危機重重、步步險象環生的環境裡，人類祖先在看到這些爬行動物時，大腦必然要保持高度的警惕，心情也一定是非常緊張的，可能這就是恐懼心理的由來。

　　瑞典的科學家參與了人類為何害怕蛇和蜘蛛的研究。有趣的是，這位科學家說自己小時候也曾經非常害怕蜘蛛，但是當他對

蜘蛛有了深入的研究之後，那種恐懼之心便不復存在了。

而對於現代人來講，蜘蛛明顯已經對我們不構成威脅了。所以我們對於蜘蛛的恐懼是盲目而不理智的，事實上，我們大多數的恐懼都是如此。一個人若想控制這種不理智的恐懼，就必須先學會用邏輯分析問題。

現在你在心中默念：飛機墜毀。這時，你的大腦中可能會產生這樣一幅景象：機艙冒著滾滾濃煙，夾雜著乘客的尖叫聲，破碎的機身嘎吱亂響，整架飛機猶如一個巨大的火球在翻滾。這種場景可能會引起你的恐懼感，雖然它並沒有發生。

但是如果告訴你，飛機墜毀的機率大約是百萬分之一，你的恐懼感是不是會有所減輕？這就是理性的力量，它讓你擺脫主觀的想像，回到現實的邏輯思維中。

那些形象和容易被記起的風險，會給人更大的恐懼，但人們似乎沒有將危險和機率放到一起去想一想。如果一件事非常危險，但是它發生的機率幾乎為零，我們又有什麼理由為此而感到恐懼呢？

對於普通人來講，大腦的條件反射系統所產生的情感能夠將大腦的分析能力擠到一邊，也就是說我們的理性會被我們的感性所擊敗，因而產生毫無意義、完全主觀的恐懼心。因此，若想藏心，我們就必須讓理性重新占領思想的高處，用邏輯思維去衡量眼前的威脅。

自我安慰，平復內心的波動

雖然我們講了許多恐懼心理的缺點和應對辦法，但是我們也不能否認，這個世界上確實有許多值得恐懼的東西。在這些東西面前，我們無法克制自己的恐懼，唯一能做的，就是學會自我安慰。下面，我們就講一講幾個自我安慰的方法。

1. 最重要的是今天的心

何必為曾經的悔恨而影響到今天的好心情？何必為未來的不可預知而擔心恐懼？過去的一切都已經過去，未來則是可望而不可及，只有今天才是最真實的。

經常為 FBI 提供心理研究的專家曾經做過一個實驗：

讓志願者們做一件事：週日的晚上，把自己對未來一週的憂慮與煩惱寫在一張紙上，簽上自己的大名之後，將紙條投入到一個箱子裡面。

一個禮拜之後，心理學家打開了這個箱子，將所有的「煩惱」還給其所屬的主人，並讓志願者們逐一核對自己的煩惱是否真的發生了。

結果 90% 的人所擔心的那些可能會讓自己煩惱的事都沒發生。事情雖然沒有發生，但是他們在過去的一個禮拜時間裡卻「實實在在」地煩惱了七天。

這個實驗結束之後，心理學家又讓志願者把過去一週真正發生過的煩惱記錄下來，又投入到那個箱子裡。

同樣在一週後，心理學家再次把箱子打開，讓志願者重新核對自己寫下的煩惱。志願者在看了自己一週之前的那些煩惱後，

都後悔地說：當初那些事情其實根本就不值得我們去煩惱。

也就是說，他們當初為了不值得煩惱的事情而煩惱了那麼長時間。

最後，心理學家總結說：「透過這個實驗，我都不敢確定這個世界是否真的有事情值得我們去煩惱。可是，我們卻永遠也放不下煩惱。從這一點上來講，人確實是種愚蠢的動物。」

2. 所有的心痛都不屬於現在

何必為痛苦的悔恨而失去現在的心情。其實，我們之所以不幸福，都是因為放不下過去，看不破未來。

十七世紀法國科學家兼思想家巴斯噶（Blaise Pascal, 1623.6.19 - 1662.8.19），在他的《冥想錄》（Pensées）一文中有一段話：「我們向來不曾把握現在；不是沉湎於過去，就是殷盼著未來；不是拚命設法抓住已經如風的往事，就是覺得時光的腳步太慢，拚命使未來早點來臨。我們實在太傻，竟然流連於並不屬於我們的時光，而忽視唯一真正屬於我們的此刻。」

3. 好心境是自己創造的

古詩有云「芭蕉葉上無愁雨，只是聽時人斷腸」。雨本沒有感情，如何變成了愁雨？只因聽雨的人心中有愁苦。同樣的雨，如果給心情愉快的人聽，恐怕又是另一番光景了。

有時候，我們的心境決定了我們眼中的世界。本來是陽光明媚的世界，只因我們心情不好，也會變得暗淡無光。因為心情的變幻，我們錯過了多少良辰美景？所以，若想讓世界變得更美麗，就不能常常執著於某種念頭，那樣會讓我們忽視人生道路上的種種美麗，適當的轉彎也許能夠帶來更加美麗的風景。

4. 用心做自己該做的事

人生是如此的短暫，哪有心思去浪費呢？哲人曾經說過：大街上有人罵我，我是連頭也不回的，根本不想認識這個無聊之人！我們既不要去傷害人家，也不要被別人的批評左右，還是按照自己的願望，先踏踏實實學好本領再說。特別是在年輕時要全力以赴學本領，不要分心。

《冰山在融化》（ *Our Iceberg Is Melting, John Kotter, Holger Rathgeber, 2006.09* ）講述了一個關於危機的故事。

在南極洲的一個企鵝王國，企鵝們世代生活在一座冰山上。一天，有一隻善於觀察的企鵝 —— 弗雷德發現冰山正在逐漸融化，牠們的生存環境正面臨著可怕的危機。牠把這個消息告訴了自己的同類。其他企鵝一聽自己住的冰山要完了，馬上變得惶恐不安起來。牠們整天都在沮喪地說：「我們就要完了，我們還這麼年輕，冰山融化了，我們誰都活不了。」整個企鵝島因為一個壞消息而變得亂糟糟。只有弗雷德的心態還比較好，牠對自己說：「冰山融化雖然可怕，但是這世界上有那麼多冰山，我們總能找到一處新的地方可以安家。於是，在別人惶恐哭泣之時，弗雷德忙著尋找一個新的安家之所。不久之後，牠果然發現了一座新冰山。在牠的帶領下，所有的企鵝都因此重獲新生。

這個故事就是說，在事情面前，恐懼不能解決問題，只有用心做事才是王道！

5. 別總是跟自己過不去

人生在世難免受到各種慾望的糾纏：生欲、死欲、食欲、睡

欲、情欲、權欲、金錢欲、出名欲、求知欲、事業欲、健康欲、運動欲、旅遊欲、出國欲、自我表現欲，還有很多慾望甚至難以用某一個具體的詞彙去概括。人活在如此紛繁的慾望中，如果不能克制自己，將會是多大的災難！而我們追尋過多的慾望，實際上就是在和自己過不去。

6. 不要追逐世俗的榮譽

　　終生尋找所謂別人認可的東西，會永遠痛失自己的快樂和幸福。庸俗的評論會消滅自己的個性，世俗的指點會讓自己不知所措。為錢而錢會使自己六親不認，為權而權會使自己膽大妄為，為名而名會使自己巧取強奪，真實的我們在刻意的追逐之中，會變成一張張碎片隨風飄揚，世俗的我們會變得面目可憎。得到了媚俗，失去了真實，所以我們要堅定信心，擁有自我。

7. 極端不可取

　　有些人常常因為憂慮過度，而導致自己精神失常；有些人卻因為麻木不仁，造成自己對任何事情都無動於衷 —— 前者常為尋找理性而痛苦，因聰明過頭而失敗，愚蠢的根源在於對什麼都懊悔；後者不知悔恨為何物，整天糊塗地生活，活著與死去沒有什麼區別。走極端總是慘遭失敗，我們需要尋找人生的智慧。

8. 注意不要活得太累

　　常有人感嘆，活得真累。累，是精神上的壓力大；累，是心理上的負重。累與不累總是相對的，要想不累，就要學會放鬆，生活貴在有張有弛。心累，使人長期陷於不健康狀態；心累，會使自己精神不振。心別太累，要學會解脫自己。

▌一次做好一件事，消除對壓力的恐懼

當我們無法好好地應付眼前的大量工作時，內心就會產生恐懼。這種恐懼會讓我們不安、擔心或焦慮。這就是壓力產生的原因。

毫不客氣地說，在大多數時候，壓力是我們自找的。我們總是在想「我也許一次便能做完這些事」，而這個想法便是產生壓力的根源。我們總想嘗試著去做自己能力範圍之外的事情，並且因此做了許多「徒勞無功的事」，結果讓人垂頭喪氣。

若想隱藏我們對壓力的恐懼之心，其實也非常簡單，那就是「一次做好一件事」。如果我們遵循這個道理，將所有精力都集中於正在做的這一件事上，就會發現，所有的壓力都不見了，自然也就不會對壓力產生恐懼。

如今，有些人奉行「多工」工作法。對大多數人而言，這種工作法其實是毫無意義的騙局。無論在哪個領域，頂尖高手都是集中精力「各個擊破」，而不是同時完成多項任務。

在生活中，我們經常可以看到一些業務員在穿越馬路時還在給客戶打電話，事實上，這些辛勤的業務員通常都是比較平凡的人。頂尖銷售人士永遠不會那樣做，因為當他們想打這樣的電話時，會找一個能夠集中注意力的時間和環境。

在 FBI 任職多年的心理醫師曾經發表過一篇論文，此文曾幾乎在一夜之間成為緩解壓力和恐懼的經典。精神崩潰、憂慮以及所有其他個人問題，都是因為這些患者想同時完成更多的事情。而那些壓力大、經常感到恐懼的探員，都是在同時執行多項任

務，而且他們總是喜歡將多項任務同時進行。

有一次，在看到一個沙漏之後，醫師受到了啟發。他突然想到：就像一次只能有一粒沙子通過沙漏一樣，我們也只能每次完成一件事情。使我們陷入困境的不是工作本身，而是我們對工作的固執看法。

「多數人之所以感覺匆匆忙忙、筋疲力盡，是因為對自身義務、責任和職責的錯誤認識。在某個特定時刻，似乎有十幾件不同的事同時壓在我們身上，有十幾件不同的事要做，有十幾個不同的問題要解決，有十幾種不同的壓力要承受。」醫師如是說。

為了控制自己對於壓力的恐懼，我們不妨買個沙漏，放在一個顯眼的地方，在它上面或旁邊貼一個小告示，上面寫著「一次一粒沙」。讓它提醒你每次只能做好一件事，久而久之，你對於壓力的恐懼心將會大大減少。

當然，我們也應該意識到，即便是每次只做一件事，如果這件事的困難度夠高的話，還是會對我們形成壓力，進而讓我們產生恐懼。這時候，我們需要引入另一種減輕壓力的辦法，那就是把很難處理的事情放到明天。

如果你整天被一個棘手的問題所困擾，不能有所進展，不妨把它從大腦中剔除，推遲做決定的時間。請記住：只有在你的意識不存在過多干擾時，工作效率才會最高。

愛迪生的夫人說，每天晚上，愛迪生都會把第二天要做的事情先在腦子裡想一遍。更重要的是，愛迪生習慣於在遇到難題時「打盹」。他打盹不只是為了休息一下，而是一種暫時的「放下」。

由此可見，我們在面對壓力時，確實需要採取一些迂迴策略，不能總是和壓力「鑽牛角尖」，那樣只會助長壓力的氣焰。

當你克服了自己的壓力之後，就會發現自己的恐懼也會相應的消失。而此時，你在工作中的焦躁和不安也會被藏起來，這就是藏心術的妙處。

▎ 自信，讓人無所畏懼

擁有自信的人，不管出現什麼情況，都能夠排除一切萬難，他們的氣場告訴周圍的人：「沒有什麼不可能的事」。一個自信的人，是永遠不會感到害怕的！

恐懼是一種膽小怕事的心態，它就像個左右人心智的魔鬼，讓人做事畏首畏尾，在人前顯示出一副無能的樣子。這種人沒有自信，他們的情緒常常是消極的，就算有機會擺在面前，也會拱手讓人。這可能是因為他們過去遭受過失意和打擊，對自己和前途缺乏自信，不敢為自己的未來付出行動，總是在考慮行動的結果，消極地面對眼前的事實，終日處在憂慮之中。

FBI 探員卡恩曾經當過一次「心理治療師」。當時一位很有名氣的跳高選手，在獲得一系列的成績後，開始陷入了低潮。他只要一接觸跳杆就會喪失自信，開始認為自己不行，失敗的念頭立即湧上心頭，使他沒有勇氣去跳。

當時他的教練認為：這一定是競爭對手在背地裡搞鬼，所以找來了朋友 —— FBI 探員卡恩，想讓卡恩查清楚這到底是怎麼回事。

透過幾次觀察，卡恩很快發現了問題的癥結所在：這個跳高選手一路走來都是順順利利的，沒有經歷過挫折，所以沒有足夠的抗壓能力，就像溫室的花朵一樣，沒經歷過風雨，所以一點的風吹雨打就會枯萎凋謝。

針對這種情況，卡恩對他的教練說：「你的隊員發揮不好，完全是自己的原因。不過，我可以用訓練探員的方式，來幫助他

走出低潮。」教練答應了卡恩的要求。

從那以後，卡恩開始對症下藥，鍛鍊他的抗壓能力。他告訴那個跳高選手，下一次去跳高的時候一定要面帶微笑，要自信，要藐視欄杆，當它是遊戲，跳不過就重新再來。

那位選手狠狠地點了點頭，他照著卡恩教他的方法，帶著自信的微笑助跑，起跳，縱身一躍，他成功了，他跳出了心理的障礙！此後幾年，他不僅重新站上了領獎臺，而且超越了過去兩年的最佳紀錄。他的體壇之路越走越成功。

在一次採訪中，他還提到過這件事。他對記者說，他之所以有今天的成就，有一個人功不可沒，那就是他的卡恩「老師」。是卡恩教會了他面對挫折要微笑，要樂觀，要對自己說我可以。

事實上，這個世界上並沒有那麼多值得擔憂的事情。就算你對一件事情產生了憂慮時，你也不該總是去想最壞的結果，因為憂慮的事情可能會出現，也可能不會出現，只有這兩種可能。當它發生了，那就去積極地解決，想得再多也無濟於事；想太多反倒是給自己上了枷鎖，久而久之，就會影響你的心態，讓你對一切事物都憂心忡忡。若是真的養成了這樣的習慣，你就只能白白地消耗時間和精力，整個人也會沉浸在一片憂鬱之中。

恐懼多數情況下都是心理作用。不過，它會抹殺你的潛能，削弱你的自信。相信在你感到恐懼，並將這種恐懼的感受告訴他人的時候，你的親人朋友一定會對你說：「哦，不要怕，那都是你的幻想，沒有什麼可怕的！」這種安慰可能會暫時消除你的恐懼，但它卻沒有持久的「藥效」，因為你的心態沒有轉變，你沒有建立信心消除恐懼。

自信的心態是看不見的法寶，能夠發出驚人的力量，讓你克

服恐懼，排除萬難。如果你用積極的心態發揮自己的思想，並相信成功是你的權力，你的信心就會使你成就你所制定的目標。如果你因為恐懼而消極了，滿腦子都是恐懼和失敗，那麼你的結果也就是這些了。

所以，你不要再擔憂害怕了，給自己一點信心和鼓勵，打敗你內心的那個魔鬼。告訴自己：「我是幸運的，我是順利的，我註定是不平庸的，沒有什麼可以擊倒我。」

當一個人的心態積極，是充滿自信的，他就萌生了巨大的勇氣，會用積極的行為去改變自己的處境。

生活中難免會遇到有挑戰性的事物，或是一些棘手的問題。如果我們被嚇倒了，在氣勢上短了一截，認定了自己挨不過，那就只有「認命」的分了。一個人若是消極處世，氣勢就會慢慢消失，最終淪為一個不起眼的平庸之輩，過著淡然無味的生活。

事實上，很多看似強大的、不可戰勝的東西，並不如我們想得那麼可怕，如果因此而消極，就會失去許多成功的機會。有時候，它們的強大只是源於我們內心的弱小。

電影《哈佛的天空》（ Homeless to Harvard: The Liz Murray Story, 2003 ）講述了一個令人發奮的故事：

生長在紐約的女孩莉姿，沒有良好的家庭環境，父母吸毒，周圍的人也都是得過且過，彷彿環境註定了他們未來的人生路。她小小年紀經歷了人生的艱辛和辛酸，但卻沒有絲毫抱怨，也沒有就此沉淪。她始終相信，憑藉自己的信念和努力可以改變現在的一切。

最終，這個貧苦的女孩用樂觀的心態和頑強的毅力改寫了自己的人生，夢寐以求的哈佛大學向她敞開了雙臂。她用自己親身

的經歷告訴世人：人生其實可以改變。

　　我們從來不會被生活打敗，我們只會被自己打敗，敗在自己的心態上。有些事情，我們只有努力去嘗試，努力去做，才有可能變為現實。如果連試一下的勇氣都沒有，始終抱著「我不行」的態度，那又談什麼成功呢？

▌認識自己，接受自己

　　每個人都是獨立的，一個人接納另一個人很難，但一個人接納自己更難。

　　我們時常對自己不滿，為自己的缺點懊惱與煩悶，千方百計想掩飾。自己面對自己時，我們常常會陷入懼怕與悔恨中不能自拔。

　　太多人之所以會對生活有那麼多的不滿，其實不是外界影響，而是因為對自己的境遇有太多的不滿。這種想法大部分人都有，但是從實踐的角度來講，對自己不滿又有什麼用呢？自己又不是別的物品，不喜歡了就可以隨時扔掉；也不和別人一樣，合得來便相處，合不來便分手，用不著去委曲求全。我們自己不可能把自己扔掉，也不可能自己與自己「絕交」。

　　自我是一個不可能逃避的話題，無論你情願也好，不情願也罷，滿意時，它和你在一起，不滿意時它同樣不會離開你。生命的無奈也在於此。

　　有的人很早就接受了自己，有的人至死都無法接受自己。

　　儘管我們知道，相貌、性格和生命一樣，都是我們所不能自由選擇的，然而，對於自己的不滿意，卻時刻折磨著我們。

　　醜陋使我們不敢大聲講話，不敢仰起頭走路，不敢面對他人的注視，在美麗的人面前，我們更本能地感到自卑。總希望有一天，魔鏡會突然出現，告訴你是天下第一美人。

　　性情也是我們在不知不覺中形成的。雖然我們並不對自己的容貌與性情負完全的責任，但我們卻不得不每日面對它。蘇格拉底能夠認識自己，接受自己，才宣稱自己「自知無知」。我們雖

不能像蘇格拉底那樣，自知自己無知，但接受自己是無知的，卻是可以做到。

接受自己有多種方式，因為世界上有照臉的鏡子，但沒有照心的鏡子，也因為這都是自己的私事，別人可干涉不上。

對自己的優點，我們自己不去挑明，而千方百計誘導別人說出，這其中的奧妙值得品味。自己說的，那叫自我吹噓，叫逞能；別人說的，是「客觀」，是「實事求是」。聰明的人最善用這一招，還會讓對方說一句：「你真謙虛」。

FBI 探員梵甘迪，年輕時由於其貌不揚，往往被別人輕視，他為此非常苦惱。

等到梵甘迪參加 FBI 探員的選拔時，他心裡其實也很不安。雖然他自信能力出眾，但是一想到自己的相貌可能會讓自己扣分，他就非常害怕。

幾個月後，選拔結果出來了。梵甘迪如願以償，成為了一名探員。在他上班的第一天，他的教官告訴他：你之所以能夠擊敗眾多有實力的競爭者，就是因為你的相貌。

對於自己的缺點，我們難以接受，更不願意被別人指出，尤其是當眾指出。上司每次作完報告都要說「歡迎批評指正」之類的活，可千萬不要當真！這意見不能「指」，更不能「正」，只能當作沒有，最好本來就沒有。不然，你肯定會免費獲得許多「指教」。

比較聰明的一種是：人貴有自知之明。只有自己知道了，自己察覺出問題，神不知鬼不覺地改掉，這才是上上之策。

接納自己需要勇氣，也需要毅力。接納自己，是一個漫長而

艱苦的過程，也是一個人長大、成熟的過程。這當然是一個痛苦的經歷，因為我們會逐漸發現，自己不是那樣完美，也不可能變成理想的自己。接納自己的優點也接納自己的缺點，面對自己的優點需要勇氣，面對自己的缺點更需要坦誠，需要包容。

只有當我們能夠容忍自己不足的時候，才能以正確的價值觀面對整個世界。在生活中，我們總會聽到很多感嘆命運不公的聲音。但事實上，生命中最大的不公平就是連自己也無法容忍自己。你想一想，一個人連自己都不能容忍，他還能再容忍什麼？因為不能容忍，所以生命就有了不公。

正如貝多芬說的那樣，他要扼住命運的喉嚨。在我們看來，他之所以扼住了命運的喉嚨，首先就是因為他認同了自己的不足。古往今來，人類從茹毛飲血的遠古走到科技發達的今天，靠的就是主宰命運的雙手：靠這雙手打造工具，開始創造輝煌文明的未來；靠這雙手築屋修路，營造安穩和平的生存環境；靠這雙手，創造整個人類的璀璨文明！而對於我們自己，我們每一個人也能靠這雙手規劃生命的軌跡，成就未來的輝煌，主宰自己的命運。

鍛煉意志，凡事將不足為懼

　　我們為什麼會感到恐懼？有時候，之所以沒有信心與眼前的困難作鬥爭，是因為我們的意志力不夠頑強。

　　每個人在前進的道路上，肯定都會遇到這樣或那樣的困難。有些人在挫折中不斷的錘煉著自己，愈挫愈勇；有些人則被眼前的困難搞得焦頭爛額、喪失鬥志，最終一事無成。作為一個藏心高手，首先必須是一個意志力頑強的人，因為只有這樣的人，才能做到藏心。

　　「時間順流而下，生活逆水行舟。」在人的一生中，困難將始終與你相伴，無論多幸運的人都是如此。既然困難不可避免，那我們就該勇敢面對，敢於對命運說：「讓暴風雨來得更猛烈些吧！」

　　生活中，每一個人都會面臨壓力，沒有人可以倖免。不管我們是否願意，壓力都會每天陪伴著我們。如果想在這個充滿競爭的社會上獲得更高的成就，學會化壓力為動力就是一種必備的生存之道。

　　只有善於化解壓力的人，才能向別人更好地展示自己的樂觀、不屈不撓的精神，以及面對問題時積極思考的頭腦。只有這樣的人，才會得到別人的重視和尊敬。

　　這世界上有能力的人很多，但是最後能獲得成功的卻有限，這是因為，成功不僅僅需要能力，更需要意志。而成功路上的各種風雨坎坷，到最後都是對意志的考驗。誰的意志頑強，就能衝出風雨見彩虹；誰意志薄弱，就將倒在成功的最後一道大門之前。

　　成功學大師卡內基認為，在世界上，沒有別的東西可以替代堅忍的意志：教育不能替代、父輩的遺產也不能替代、而命運更不能替代。秉性堅韌，是成大事、立大業者的特徵。由此可見，「如何面對困難」，是成功者和失敗者之間的一道分水嶺。成功者能夠邁過困難的阻撓，而失敗者卻總是在困難面前止步不前，最終一生流於平凡。

　　在 FBI 的歷史上，有許多次重大任務的成敗就在一線之間。每當探員 B 遇到困難，情緒低落的時候，都會聽到這麼一句話：「堅持最後五分鐘。法國拿破崙那句名言『最後五分鐘』，我們千萬不能忘記。最後五分鐘是決定勝負的關鍵。」結果，探員們總能在最關鍵的時刻壓倒困難，壓倒自己心中的恐懼心，贏得勝利。

　　高手對決的戰場，「最後五分鐘」是決定勝敗的關鍵；但就是這「最後五分鐘」，往往最難堅持。有這樣一句金言：「當你最嚴峻困難的時候，也是敵人最嚴峻困難的時候；常常是當你因困難而決心動搖的時候，也正是敵人對勝利已感到絕望的時候。這種時機是最緊要的關頭，這種時機決定於何方能堅持；何方能熬過這最後的五分鐘，何方就能取得勝利，因此我們要堅持最後五分鐘。」

　　其實，做人和執行任務一樣，「千錘敲鑼，一錘定音」。在追求夢想的路上，也許你已經經歷過太多的苦難和不幸，但是你記著，千萬不要喪失動力，更不要感到恐懼，只要堅持到日出雲開，成功就是你的。

　　那些能突破一次次困難，到達理想境地的人，最終都能獲

得成功。但是要做到這一點談何容易！有人遇到了一次失敗，便把它看作是「滑鐵盧」，從此便失去了勇氣，一蹶不振。可是在剛強堅毅者的眼裡，永遠沒有所謂的滑鐵盧。他們即使暫時陷入低谷，也不以一時失敗為最後的結局，他們還會投入下一場戰鬥中。所以他們能在每次失敗後馬上再重新站起，而且比以前更有決心、更有毅力的向前邁進，不達目的絕不甘休。

　　一個人想擁有面對困難時百折不撓的精神，沒有一顆堅忍的心是萬萬不可能的。但凡有所成就的人，做每件事都會堅忍不拔，全力以赴。不管成功的機率多大，哪怕只有百分之一的把握，他們也會百分之百地努力。

　　一個有著堅強意志力的人，便有創造的力量。不論做什麼事都要有堅強的意志，任何事情只有付出極大的努力才能獲得成功。擁有頑強意志力的人，在面對困難或突發事件時常表現得鎮定自若、異常冷靜，這樣才能發揮內在的潛能，找到解決問題的辦法。

　　至於如何增強意志？只有在一次次經歷中培養和磨練。

　　單純的口號，不僅不能體現出霸氣，反而會讓你如紙老虎一般，一碰就破。

　　意志力的強大力量是難以想像的，它能克服一切困難，不論所經歷的時間有多長，付出的代價有多大，無堅不摧的意志力終能帶領人到達成功的目的。

　　愛默生說過：「偉大高貴的人物最明顯的標誌，就是他堅定的意志，不管環境變化到何種地步，他的初衷與希望，仍然不會有絲毫的改變，而終至克服障礙，以達到所企望的目的。」

　　意志力強的人，心中充滿了無限的可能性，他相信一切都是足以超越的 —— 只要你認為「能」，就一定「能」！

STEP 9

鎮定

不慌張，穩住逃離反應

　　太多時候，我們總顯得不太鎮定。慌亂無措的行為，想要逃離危險的心態，均是暴露我們內心的罪魁禍首。想要藏心，就必須讓自己變得鎮定一些。

　　想要讓自己變得鎮定，變得更有城府，是一件不容易的事情，這需要耗費我們太多的精力，所以，我們需要有步驟、有計畫地改變自己。本章會給大家指出一條明路，讓大家知道：「我可以透過這樣的辦法，來讓自己變得更鎮靜。」

▍逃跑一剎那

本章中，我們要講一種和凍結反應一樣，擁有「悠久歷史」的人類本能 —— 逃離反應。

所謂逃離反應，就是人在感受到厭惡或恐懼的時候，所產生的一種反應。造成這種反應的源頭是，那些對人構成威脅的刺激源足夠強大，人沒有改變局面的信心，所以會造成人的逃避心理。遠古時代，逃離就是簡單的跑，但是在現代社會中，逃離則多數比較隱晦。

如果你出現了逃離反應，那麼別人就可以判斷出，你對眼前的東西產生了厭惡或是恐懼。和凍結反應一樣，這也是人與生俱來的一種自我保護措施。但是在現代社會中，值得人真正逃跑的事情越來越少了。可是我們的逃離反應依然發生著作用，更可怕的是，它隨時都有可能暴露我們的內心。

某次，FBI 探員在機場巡查，他們的目標是找出一個潛逃中的連環殺手。FBI 探員知道，這個人很可能已經易容變裝，想要抓到他可不是那麼容易。所以他們擦亮了眼睛，四處尋找。

可是在找了將近半個小時之後，探員依舊一無所獲。

這時候，從機場外面進來一個人，看起來和其他人並無區別，向著登機口走去。此時，一位機場保安人員從他身邊經過時，不小心撞了他一下。那個保安人員立刻向他道歉，他僅僅是點點頭，並未說話。

這一切都被探員看在眼裡，他們注意到，在保安人員和他身體接觸那一剎那，他的腳立刻擺出了一前一後的姿勢，類似運動

員在起跑線上所採用的起跑動作，這是最典型的逃離反應。探員立刻上前「請」他談一談，果不其然，此人正是 FBI 要找的那個連環殺手。

探員之所以判斷那個人有問題，是因為對於一般人而言，機場保安並不能對他們形成威脅，所以不會因為保安人員碰他一下就產生逃離反應。而這個人卻表現出了明顯的逃離反應，只能證明他心裡有鬼！

採用這個案例只想說明一個問題，那就是逃離反應確實會暴露我們的內心。

大家不要以為只有「心裡有鬼」，才可能產生逃離反應。事實上，對於我們每個人而言，即便我們的內心坦蕩，但是在受到某些刺激的時候，還是會產生逃離，進而暴露我們當時的心理狀態。

在金庸小說《笑傲江湖》中，有這樣一個場景：令狐沖在知道師傅岳不羣是個偽君子之後，對他產生了極度的厭惡感。所以當岳不羣過來想拍一下令狐沖的肩膀時，令狐沖自然而然地閃避了一下。而岳不羣則哼了一聲，走開了。這就是典型的逃離反應出賣一個人真實想法的案例。

在現實生活中也是這樣，當我們內心對一個人非常厭惡或是害怕的時候，這個人若是試圖接近自己，我們也可能會產生逃離反應。由於逃離反應很容易被人看穿，進而讓人意識到：這人是討厭（害怕）我，所以逃離反應經常會暴露我們的內心想法。所以，要藏心，必先控制自己的逃離反應。

事實上，我們的父母很早就在幫助我們克服自己的逃離反應。由於每個人天生對陌生人都有一定的恐懼感，所以小時候，

見到了陌生人，父母會教我們：主動和叔叔／阿姨問好。這其實就是一種克服逃離反應的培訓。

正是因為有了這種訓練，我們成年時，在面對陌生人時，會較少出現眼神逃離或者身體後退等明顯的逃離反應。我們因此被人視作是有修養的人。

不過我們也應該有意識到，雖然在大部分時候，我們比較好的克服了逃離反應，但是在面對某些情況時，我們還是難以克制自己的這種反應，因而暴露了自己的內心。所以，在接下來的敘述中，我們將闡述逃離反應的「終極控制」。

▌目光的逃離

　　眼睛是心靈之窗，我們的情緒很多是從眼睛裡透露出去的。介紹凍結反應時，我們講如何控制自己的眼神以達到藏心的目的。而在本篇中，我們將不得不再次提到眼神控制，因為眼神控制也是克服逃離反應的一種手段。

　　在生活中，你有沒有遇到以下情況：在會場裡，上司在講臺上喋喋不休，而你對這個上司還有他所講的話充滿了厭惡，這時候，你的目光就開始四處飄蕩了，這就是典型的逃離反應。你不能阻止對方講話，又不能轉身離開，所以逃離反應便體現在你的目光上。

　　當然，會場中那麼多人，你即便產生了逃離反應，也沒什麼關係。但如果你獨自面對一個人，在傾聽對方談話的時候，把頭轉向一邊，目光的聚焦也不在對方身上，那麼很可能引起對方的極度反感，因為這是逃離反應的典型動作，代表著厭惡或恐懼。這就不僅僅是一種暴露自己內心想法的行為了，還是一種沒有禮貌的體現。

　　警方抓到一個在逃多年的逃犯，他手上掌握著關於犯罪集團的重要線索。但是不管警方如何審問，他始終閉口不答。無奈之下，警方只好求助於 FBI 審訊專家。

　　審訊專家抵達現場後，看到的是這樣一個人：多年的逃犯生活，讓他顯得有點神經質，似乎總是在悄悄地觀察四周的動靜，神情猥瑣。

　　審訊專家對警方說：「你們先審問，我在旁邊觀察一下。」

　　和前幾次一樣，警方的審問依舊一無所獲，警長對專家說：「還是由你出馬吧！」

　　專家也沒有推辭，搬了把椅子，坐到逃犯的對面，開始審問。警方驚奇地發現，專家的審問方式和自己完全一樣，甚至連每一句話都非常接近。但是，逃犯似乎被施了魔法，老老實實地說出了線索，到最後甚至還流下了懺悔的眼淚。

　　事後，警長好奇地問專家：「我們的方式完全一樣，為什麼效果截然不同？」

　　專家笑了一下說：「這個逃犯已經潛逃多年，受盡別人的冷眼與嘲笑，現在他有了一個重新做人的機會，其實他自己也非常想和警方配合。但是你有沒有注意到，你的下屬在審問他的時候，坐在離他非常遠的地方，甚至連正眼都不願意看他一眼；即便是看了，也是鄙視和厭惡的目光。這激起了他心中的反感，所以你們才徒勞無功。而我，雖然對這樣一個曾經犯下滔天罪行的人非常鄙視，但是自始至終都沒有表現出來，反而用柔和的眼光看著他。對於一個極需別人尊重的人來講，還有什麼方式能比這樣更打動他呢？所以我成功了。」

　　在這個案例中，審訊專家透過眼神，成功的隱藏了自己內心的厭惡和不滿，更杜絕了自己的逃離反應，所以他才能獲得對方的認可。

　　在與人交談的時候，我們的目光也應該始終聚焦在談話者身上，即便是你對他有些不滿、有些厭惡，你也應該這樣做。因為這不僅能夠讓你藏住自己的厭惡心，更是一種社交中的基本禮儀，是每一個人應有的素養。

肢體的逃離

　　本篇，我們將從肢體語言的角度探討如何克服自己的逃離反應。

　　首先，我們來介紹一下逃離反應在肢體動作中的幾種體現。

第一個，最明顯的逃離反應，就是「軀幹的轉動」。

　　這種逃離反應比較容易出現在多人對話的場景，和在比較開放的空間環境中對話。當不喜歡眼下正在說話的這個人時，很多人都會將身體轉向另外一個人，儘管臉上可能沒有表現出厭惡之情，但是這種肢體語言已經將此人的內心暴露了。

　　FBI 曾派遣探員 M 潛伏到某犯罪組織，試圖瓦解這個犯罪組織。探員 M 發現，這個犯罪組織結構嚴密，犯罪行為隱蔽，要想一舉破壞對方，只有從內部下手。但是，他缺少這樣一個契機。

　　某一天，這個犯罪組織辦了場聚會，許多角頭都來參加。在聚會中，M 敏銳地察覺到，在他們老大講話的時候，組織中的副手雖然滿臉笑容，但是身體卻轉向了別處。M 意識到，副手對老大有所不滿，這也許是從內部瓦解對方的一個好方法。所以自那以後，他開始刻意挑撥二人的關係。

　　果然，沒過多久，這個犯罪組織就開始了內訌。內訌大大削弱了這個組織的實力，很快他們就鳥獸散了。一個讓警方頭疼很久的組織，就這樣瓦解了。

　　案例中的探員 M，就是敏銳觀察到副手一個小小的肢體動

作，從而洞悉了對方的內心想法。在現實生活中，我們的肢體語言也同樣會被有心人所觀察到，我們的內心所想也可能會因此而暴露。所以，在面對一個人的時候，無論你內心是如何想的，在還沒必要攤牌之前，請用一顆平常心去對待他。而你首先要做的就是 —— 不要轉開身體。

第二個，肢體上的逃離反應就是「腳」。

從科學角度來看，想要控制自己的腳要比控制身體其他部分更難。因為腳是離中樞神經系統最遠的一個器官，所以最難控制。美國有位前 FBI 探員就曾經在書中總結過：「從頭到腳，可信度逐漸增強。」

如果兩個人是站著說話的，無論身體其他部分是怎樣的狀態，雙腳腳尖一定指向對方。如果是坐著說話，雙腿延伸線形成的扇形區域，會把對方涵蓋在中間。

但是當一個人產生逃離反應之後，腳會立刻改變方向。這是典型「準備逃走」的表現，也是逃離反應最直接的體現。

發生在腳上的逃離反應，雖然很難被人觀察到，但是一旦被人發現，那麼對方就可以確定你此時的心理狀態了。所以，如果你想藏心，就要控制住自己的腳。

第三個，逃離反應的肢體表現就是「手」。

我們之所以把手上的逃離反應放到最後一位，是因為手的反應是最不直接的。因為手部的逃離不是透過動作體現出來的。

在我們有了逃離反應的時候，其實我們的神經系統已經開始為逃跑做準備了。這時候，身體裡的血液會向腿部集中，而手部則供血不足，所以會冒冷汗，手上發冷。之所以說手部的逃離反應不太明顯，就是因為這些特徵是觀察不到的。但是在某些特定

的場合，比如正式場合需要握手，這個特徵就會變得十分明顯。

由於手部的逃離反應完全是生理上的反應，不能用理智加以有效克制，所以，若是你感到自己手心冰涼、冒冷汗的時候，就要避免和他人握手。

這裡介紹幾個禮貌拒絕握手的小竅門：在需要握手時，你可以先把手伸出來，掌心向上，做出「請」的動作，並說：「有失遠迎，這邊請。」或是在握手之前，假意打噴嚏，用手捂一下自己的嘴。這樣的話，你不和對方握手，反倒顯得你彬彬有禮。

總而言之，逃離反應在肢體上有多種表現方式，但是你可以透過一些小方法一一化解，以達到藏心的目的。

▋ 人際關係的距離感

逃離反應在生活中多有體現，下面則敘述逃離反應的另一種表現 —— 人際關係的距離感。

人際交往中，心理上的距離會依據現實距離上的遠近體現出來。這種意識其實和動物的領域意識非常相像，也是逃離反應的一種。比如，你和一個陌生人，理論上應該保持 3 公尺以上的距離（在公車上等場合除外）。如果這個人過分的接近你，你就會感受到威脅，產生逃離反應。對方若是你最為親密的人，則不會產生這種反應。

美國人類學家霍爾博士（Edward Twitchell Hall Jr., 1914.5.16 - 2009.7.20）將這種距離關係分為四層：

公眾距離
應該保持在 3.6 ~ 7.5 公尺。也就是說，如果一個陌生人試圖靠近到離你 3 公尺左右的距離，就會引起你的警覺，從而產生逃離反應。

社交距離
一般性社會活動時所保持的距離，如辦公、開會等，這時候人們應該保持在 1.2 ~ 3 公尺之間。

私人距離
朋友、熟人或親戚之間往來時常見的距離，這個距離應該保持在 0.45 ~ 1.2 公尺之間。

親密接觸
這個已經沒有距離了，在至親之間會得以體現。

　　不要小看人際關係中的這種距離感，事實上，它可以透露出許多東西。

　　FBI 探員在追查一起間諜案。他們接到一份情報指稱間諜會在下午五點左右，出現在一家咖啡廳裡。

　　得到這個情報之後，FBI 探員馬上意識到：這是個老手。對於新手而言，他們會盡量選擇在人少的時候接頭，以為這樣不容易被人發現。但是真正的老手，卻會選擇在人多的地方接頭，因為那裡更容易隱蔽和躲藏。

　　為了找到這個間諜，探員決定在咖啡館布下天羅地網。

　　下午五點時，咖啡館裡已經是人聲鼎沸。在這樣的環境中，想找出可疑分子更是難上加難。

　　但是很快，探員就把目光對準了一對夫婦。這對夫婦在進門的時候手牽著手，顯得非常親密，在就座後，他們面對面的坐著，偶爾耳語幾句，但是在說完話之後，卻都是背靠著沙發的靠背，這是明顯的距離感。FBI 探員馬上判斷出：這是一對假夫妻。對他們便留意起來。

　　果不其然，不久後，探員便找到了他們接頭的證據，將二人拘捕了。

　　從以上案例我們可以得知，大部分時候，人和人之間的距離感是一種心理上的默契，很難長時間假裝。這種人際關係交往的距離，很可能將我們的內心暴露出去。因此，我們需要注意「保持距離」。

　　我們舉一個簡單的例子來說明。在一次同學聚會中，你的所有同學都在場，其中肯定有和你關係特別親密的，也有關係比較

一般的。這時候，如果你不注意對社交距離的控制，和那些關係好的表現得特別親密，和其他人則顯得有些疏遠，肯定會給人厚此薄彼的感覺，引起不滿。

所以，我們要藏心，有時候先要藏住我們和別人之間的距離。否則，很可能會引起一些不必要的麻煩。

當然，我們也可以透過距離的控制，來表達自己的一些情感。比如你與情人吵架了，僅僅是普通的吵架，並沒有傷害到彼此的感情。但是你想刻意表現你很生氣，以便讓對方明白你的立場是非常堅定的。當然，這個生氣是假的，你心裡其實早就歸於平靜了，那麼該如何才能掩飾自己的平靜心情、假裝很生氣呢？

最好的方法就是刻意的保持距離。像是在吃飯的時候，你坐得離對方遠一點，並且不容許對方的餐具和你的餐具有觸碰，那麼就肯定能騙過對方，讓對方以為你還在生氣。

也許大家讀到這裡會有所啟發：原來那些最能暴露我們內心的種種線索，同樣也是我們藏心的好方法！如果大家都能夠領悟這一層，那麼也算是對「藏心術」有所體悟了。

事實上，這世界上不存在任何絕對性的東西，藏心也是如此。有時候，「暴露」和「隱藏」是相對的，你完全可以透過給對方一些虛假的資訊來更好地隱藏自己的真實想法。

你是否為逃避型人格？

現代心理學將習慣性逃避的人群，歸結為逃避型人格。

在古代，那些不食人間煙火的隱居者，就可能是屬於此類人格。對於現代人而言，想做一個隱居者恐怕非常困難，因為我們必須面對紅塵俗世的紛紛擾擾，即便你不想，但是你別無選擇。所以，逃避型人格在現代社會中，顯得與世情格格不入。因此，即便你對生活有再多不滿，對現實有再多無奈，依然要藏住自己的逃避心理，積極地面對眼前的社會。

但是在現實中，對於許多逃避型人格的人而言，他們雖然不能選擇隱居，可是往往關閉自己的心靈，不與他人親密的接觸，唯求自安。曾經發生過這樣的事情：有一位父親，將自己的兩個孩子「囚禁」在自己的家中，不讓孩子和外面的世界有任何接觸。父親這樣做的目的，是怕孩子被外界的壞東西所影響。可是他這種古怪的想法斷送了孩子的童年與青春，是一種犯罪行為。

逃避型的人，不敢面對外界社會，也同樣不敢面對自己的心靈。所以，這種逃避帶有強迫性、盲目性和非理智性等特點。因此，逃避型人格如果發展到最後，對於人是有害無益的。只有克制和隱藏自己的逃避心理，才能更好地融入到社會中，取得一定的成就。

心理學專家霍妮（Karen Horney, 1885.9.16 - 1952.12.4）認為逃避型人格有以下特點：

❶因為別人的批評和反對意見而深受傷害。

❷除了自己的親人之外，沒有或很少有交往密切的朋友。

❸除非他們確定自己受到別人的歡迎，否則不願意介入到別

人的事情中。

❹對正常的人際交往和社交活動盡可能的逃避。

❺在社交場合顯得沉默寡言，尤其害怕別人的評價。

❻在做那些普通，但不在自己常規之中的事時，總是誇大潛在的困難、危險或可能的冒險。

霍妮認為，只要滿足以上特徵中的四項，那麼就可以斷定一個人屬於逃避型人格。

逃避型人格最大的特點是普遍地疏遠他人，甚至有對自我的疏遠，他們對自己都持旁觀態度，這與他們的生活態度是一致的。他們的內心還有一種「關鍵」的需求——「在自己和他人之間保持感情的距離」。更精確地說，他們有意識和無意識地作出決定，不以任何方式在感情上與他人發生關聯，無論是愛情、爭鬥、合作、還是競爭。

當然，逃避型人格也並非沒有好處，擁有逃避型人格的人，往往是細膩的內心觀察者，顯得獨立而有主見。但是，在當今社會，如果一個人不願意與別人共同合作，那麼會遇到很大的困難。而且，從藏心術的角度來講，逃避型人格的人往往不能克制自己對於集體和他人的恐懼，所以容易被他人看穿，對藏心是極為不利的。

拿破崙出生在一個沒落貴族的家庭。當時，他的家族已經窮苦不堪，但是他的父親還是將拿破崙送進了一所貴族學校。拿破崙的同學都是一些富貴子弟，他們經常誇耀自己家庭的富有，嘲笑拿破崙家庭的貧窮。拿破崙的自尊心被深深地刺傷了。

終於，拿破崙實在忍不住了，逃離這裡。他給父親寫了一封信，信上說：「我始終忍受著別人的嘲笑，他們無時無刻不在向

我炫耀他們的金錢，譏諷我的貧困。父親，難道我在這些富有而高傲的人面前永遠只能謙卑地活下去嗎？」

拿破崙的父親回信寫道：「誠然，我們很貧窮，但是你必須在那裡把書念完。」

無奈之下，拿破崙在那所學校堅持了五年，經歷了長期的折磨。但是那裡的每一次嘲弄、每一次欺侮、每一次輕視的態度，都使他堅定了改變命運的決心。既然無法離開這裡，那麼只有試著改變現狀，他要讓那些嘲笑自己貧窮的人看看，他確實比他們優秀許多。拿破崙沒有任何的空口自誇，只是在心裡暗暗地計劃著，決定把這些沒有頭腦而又傲慢的人作為通往權力、財富和名譽巔峰的橋樑。

到了十六歲，拿破崙成為法軍的一名上尉。也就在這一年，他的父親去世了。拿破崙不得不從他微薄的薪水中抽出一部分來供養他的母親。在軍隊裡，拿破崙發現很多人把空餘的時間都用在追求女人和賭博等事情上。拿破崙身材矮小，不討女人喜歡；經濟拮据，也沒有錢拿來賭博，所以拿破崙顯得很不合群。形單影隻的拿破崙選擇到圖書館打發時間，這使他獲益匪淺。

拿破崙漫無目的地讀一些雜亂無章的書，並不是以讀書作為消遣的方式，而是把讀書作為實現自己理想的途徑。他決心將自己的才幹與能力展現給世人，並把它當作自己選擇圖書類別的指引。

在圖書館的時光裡，他把自己想像成一個總司令，描繪出了科西嘉島的地圖，並在地圖上標明應當布置防範的地方。他用數學方法對所有的一切進行了精確的計算，他的數學才能也由此而得到了發展。

拿破崙的努力使他的能力有了大幅度的提昇，他的長官發

現拿破崙與眾不同，決定把操場上一些極複雜的計算工作派給他做。他漂亮地完成了這些工作，於是又獲得了別的機會。

就這樣，一切情形都因此而改變了。從前嘲笑過他的人，現在都簇擁到他周圍，想從他的獎金中分得一點；從前輕視他的人，現在也都希望與他成為朋友；以前貶低他矮小、無能、死讀書的人，現在都對他表示尊重。他們都變成了他忠心的擁戴者。

後來，拿破崙回憶這種轉變時，感嘆說：「我經歷了很多困難，但是我沒有逃避。我絕不會失敗，除非我確信自己已經不敢去面對了。」

如果想控制自己的逃避心理，就需要從自身出發，做出努力。由於具有逃避型人格的人大多伴隨著認知扭曲現象，所以，想要改善自己的逃避型人格，就必須扭轉自己的認知扭曲。

對於逃避型人格的人而言，他們的認知扭曲經常表現在以下幾個方面：

❶經常會認為自己必須出類拔萃。

❷認為無論做任何都必須謹慎小心。

❸認為這世界上沒有誰值得相信，所以認為朋友可有可無。

❹盡量少介入他人事務，以免麻煩。

❺要求自己必須高效率，對於金錢的利用尤其是如此。

從心理學的角度來看，扭轉認知扭曲最好的辦法就是「反向觀念法」，即指與自己原有的不良自我觀念唱反調。

比如，對於大部分逃避型人格的人來講，他們多是以自我為中心，所以應該逐漸放棄自己的這種心態，學習設身處地為他人著想。原來愛走極端，現在則學習從多方位考察問題。原來喜歡嚴守規則，現在則應偶爾放鬆一下，學習無規則地自由行事。

透過反向觀念法，我們應把這些扭曲的認識改變為：

❶我希望出類拔萃，但是我也不能排斥眼前的平庸。

❷我必須做事謹慎，但是也不能完全提心吊膽。

❸雖然獲得知音的可能性比較小，但是我不能拒絕交各種各樣的朋友。

❹不管他人閒事，但他人有難，我應當盡力相助。

❺我希望自己辦事高效率，即使效率不高，做總比不做好。

採用反向觀念法克服缺點，就需要透過自我認識的方法來執行。先按照上面的方法找出自己的錯誤，然後再提出相反的改正意見，也就是更新自己的關鍵。

在生活中，我們需要照著自己的新觀念去指導自己的言行。這種自我分析我們要有計畫、有步驟的進行，三天一次或一星期一次，也可以在心情不好或屢遭挫折之時進行。認識上的錯誤往往是無意識的，根據上述自我分析，就可把無意識的東西上升到有意識的自覺層次上，這有助於改進不良心理狀態。

但是，想要矯正逃避型人格並不是一件非常容易的事，需要你做出持之以恆的努力。你可以給自己安排一個具體的矯正計畫。

例如，如果你不願交朋友，就必須給自己制定一個交朋友的計畫。起始的級別比較低，任務比較簡單，以後逐步加深難度。你先從和熟悉的人聊天開始，然後逐漸學會和陌生人正常交往，最後找到屬於自己的朋友。

這看起來非常容易，但認真做起來並不是一件輕鬆的事。你最好找一個監督員，讓他來評定你的執行情況，並監督你堅持下去。最終，你會扭轉自己的逃避型人格，做到更好的藏心。

▌熟悉，讓你更從容

歌手在自己熟悉的舞臺上，往往表現出無比自信的氣質；企業老總在自己的公司中，往往體現超出一般的王者氣息。就算是一個普通人，在自己家裡，也肯定是從容不迫……

相反，一個貧困潦倒的人進入到富麗堂皇的酒店中，會顯得手足無措。而員工在強勢老闆的辦公室，也會顯得有點不自在……

為什麼我們在有些時候、有些地點，總能保持鎮定，而在某些時候，卻又顯現出難以抑制的窘迫呢？

其實，這都是逃離反應在作祟。

在你熟悉或是你能掌控的地方，你感受不到威脅，所以不會產生任何逃離反應，你顯得鎮定從容、落落大方。但是在有些地方，你會感到自己的弱勢。而這時，由於逃離反應的產生，你會顯得綁手綁腳，沒自信。

很顯然，我們都想成為一個無論在什麼地方都表現得落落大方的人。不管在什麼時候，我們也都希望能夠藏住自己心裡的不安和侷促。若想真正做到這一點，我們就要培養自己的「熟悉」。

每一個資深的 FBI 探員，在被派到一個陌生的地方執行任務時，都會讓自己先熟悉這裡的地形。他們會到附近的街道隨意地逛一圈，在逛街的同時，他們還會特別留意這裡的一些具體情況：比如人群的密集程度、當地的地形等等。

FBI 探員斯威夫特說：「其實，我們所做的這些觀察，不僅僅是為了更好地瞭解自己所處的環境，更是為了能夠對這個地方

形成一種熟悉的感覺。『熟悉』有時候等同於安全。有了這種感覺，我們會顯得更加從容鎮定，就不容易暴露自己。」

根據案例我們可以知道，熟悉這種感覺來自於我們心中的防範或是進攻意識，在熟悉之後，人就相對更有安全感。

在自身絕對熟悉的一個範圍內，人會展現出極度的自信和鬆弛（當然，也可能表現出如炫耀、驕傲等特點，這是熟悉的負面效應，對藏心不利）。在這種情況下，因為我們更加鎮定，所以能夠更好地藏心。

所謂藏心，其實關鍵在於人對自己情緒或是狀態的熟悉。

如果一個人對一切已經熟悉，那麼他就先具有了「掌控一切」的意志和心理基礎。而擁有掌控心態的人，對於任何突發事件都會呈現出比較平淡的反應。這是因為他們心中自認為有控制一切的能力，所以在「大事」面前，他們顯得比較淡定從容。

因此，對一切熟悉的人往往表現出另一種見慣了大場面的自信，在任何時候，他們都保持著鬆弛的狀態，這種鬆弛的狀態其實是我們內心的一層保護膜。因為你鬆弛，所以你沒有破綻和漏洞，別人也就更難以看穿你的內心，這就類似電影中高手們所說的「無招勝有招」吧！

鎮定，處事更有條理

生活中，我們常常被一些「無所謂」的事情搞得非常「不淡定」，慌了手腳。比如，公司明天要開一個重要的會議，公司的高層們全都會出席，而你的部門要你屆時當著所有人的面發言。

想到要在那麼多人面前發言，也許你感到有些恐懼，並引起你的逃離反應，整整一天，都顯得非常焦躁。對你而言，你想獲得發言的機會，因為這對你的晉升非常有利。但是你卻產生了本不應該有的恐懼心理，陷入到苦惱之中。恐懼心理可能會讓你在明天的會議中顯得不夠自信，甚至可能因此影響你的發揮。

其實，我們的緊張和焦慮情緒，往往是由於我們在精神上總想逃離或逃避某件已經決定要做的事而產生的。事實上，因此而產生的逃離反應，完全可以根據自己的內心力量來糾正。

1987 年，四名 FBI 探員在追捕一名逃犯時，被狡猾的逃犯引入到危險的南美叢林裡。在那裡，他們迷失了方向。

在原始叢林中迷失方向是一件非常可怕的事情，因為那裡潛藏著無數的危險和殺機，稍有不慎，就會喪命。

即便是在這樣艱難的條件下，探員沒有忘記自己的使命。經過一番尋覓，他們終於抓到了那名逃犯。

被逮捕之後，那名窮凶極惡的逃犯依然不知悔改，他狂笑著對四名探員說：「你們費盡心思抓我，現在終於如願以償了。但又有什麼意義呢？這裡是原始叢林的最深處，你們不可能活著出去，而我根本就沒打算活著。」

面對逃犯的這番話，一個探員回答說：「因為你的內心已經

對自己絕望了，你對生活充滿畏懼，所以你才會走上邪路，才會把自己引向死亡之地。而內心真正強大的人，則永遠不會放棄活下去的希望。」

在之後的一個星期中，四名探員帶著這名逃犯跋涉在原始叢林中。經過千辛萬苦，他們終於走出了茫茫叢林，重獲新生。

事後，死裡逃生的探員們在接受採訪時，說了這樣一句話：「內心是一種力量，心中有光明則無所畏懼，而心中黑暗，則將自己引入死地。」

作為一名探員，經常會遇到些危險的事情。但是他們的內心似乎具有強大的能量，他們不會因為危險而驚慌失措。在外人看來，這不是一般人所能達到的境界。

正如 FBI 探員所說，我們能達到怎樣的高度，完全取決於我們內心的力量。如果你決定要將一件事進行到底，又何必在精神上老是希望躲開或者逃避呢？

只有內心力量真正強大的人，才能做到不為外界的因素所干擾，做到「泰山崩於前而不變色」。也只有這樣的人，才能杜絕一切恐懼，永遠保持鎮定，不會被人輕易看穿。

美國聯邦調查局第一任局長胡佛曾經說過：「如果一個探員敢於出沒最危險的地方，那麼他犯再大的錯誤也錯不到哪兒去。」也就是說，遇到問題越是想逃避，那麼犯錯的機率就越大；如果你能勇敢地面對，即使犯錯，也是能夠挽回的。

這個規律在我們的「藏心術」中依然適用，有時候，我們越是害怕自己「暴露」，越是容易被人看穿。因為你的恐懼會出賣你。而那些真正能夠藏心的人，都是「勇者」，因為他們不會畏懼，所以才能揮灑自如。

一個人如何才能在人生中更加勇敢無畏？關於這個問題，我們可以用心理控制相關的知識去回答。

　　當一個人自信不夠、內心又不強大時，他對外界的反應會顯得非常激烈。比如，一個人個子很矮，小時候經常被人嘲笑。長大後，如果他還因此極度自卑的話，那麼就會非常在意別人對他身高的評價。如果有人在身高上和他開玩笑，他的反應一定會非常激烈，因為他無法掩飾自己內心的憤怒情緒。

　　但是對於那些內心強大的人來講，就不容易情緒失控，即便是有人惡意嘲笑他們，他們也能從容應對。這是因為他們有足夠的自信，他們是生活的勇者。

　　那麼，我們現在要討論的一個問題是：為什麼人的內心會有強大、弱小之別？

　　透過日常觀察我們會發現，有些人能力很強，但是有時候常常因為心靈意志薄弱而壞了事；有些人能力雖然一般，但是關鍵時刻卻能穩住自己，藏住內心的負面情緒，反倒是無往不利。

　　由此可見，在這個世界上，客觀的因素固然重要，但是主觀的能動性也不容忽視。對每個人而言，其實大家在能力上都差不了多少。所以，成功者和失敗者最主要的區別就在於他們的內心：成功者的內心更強大，而失敗者則往往難以掩飾自己心中負面的東西。

　　成功者不是沒有恐懼之心，但是他們能夠很好地隱藏自己的恐懼，讓理智占領思想的高處。對於那些善於藏心的成功者而言，在遇到重大的事情時，他們不會馬上表現出惶恐、不知所措的情緒，而是顯得更為清醒，所以他們能透澈地分析形勢，在腦中形成應對的方法。

　　如果我們將自己的生命用在恐懼、猶豫、左右不定上，那麼

最終會一事無成。在任何時候、採取任何行動，我們都有可能犯錯。但我們千萬不能因為害怕出錯，就止步不前。

從「藏心術」的角度而言，一個人在猶豫不決的時候，最容易暴露自己。相反，不管任何時候，如果你能保持鎮定，那麼你就能更好地隱藏自己的內心。我們可以想一想，在生活中，那些被人稱作是「有城府」的人，是不是都顯得比別人要鎮定許多？

李・艾科卡（Lee Iacocca, 1924.10.15 -，美籍企業家，先後任福特汽車公司和克萊斯勒汽車公司總裁）曾說，鎮定是他在成功者身上找到的首要素質。正是因為處事冷靜，這些人才一呼百應，不負眾望。

事實上，我們所說的「藏心術」，並不是單純掩飾自己內心的一種法門，更是一種讓自己內心力量逐漸強大起來的訓練方法。

藏心的關鍵，不在於外在的方法，而在於如何讓自己的內心變得更強大。因為只有一顆足夠強大的心，才能讓你在任何時候都保持鎮定，在此基礎上，所有的方法、理論才能運用自如。

▌積極面對，逃避只讓事情越來越糟！

藏心的主旨在於隱藏自己的真實想法，或許很多人會因此認為：藏心是一種消極的、被動的心理狀態。我們可以很明確地告訴大家，這種認識是錯誤的，恰恰相反，若想更好的藏心，其實需要你積極主動地去面對生活中的事物。

對於普通人而言，碰到一些緊急事件時，他的第一反應就是逃避，這是一種消極的心態。因為有了逃避之心，所以我們會變得驚慌失措，顯得不鎮定，從而更容易暴露自己的內心想法。所以，要想藏心，我們還是要積極面對，不能讓自己的逃避心理輕易占據我們的思維。

也許我們都有過這樣的體驗，對於即將發生的那些「壞事」，自己心裡常常惴惴不安，但是當這件事情已經擺在眼前，我們已經無路可退的時候，整個人反倒顯得鎮定從容得多。這就是面對的力量。當你下定決心去面對的時候，就意味著你已經接受了一切後果，你不會再逃避，所以你會更強大。

或許，我們只是在情勢的逼迫之下，才不得不去面對生活中的一些突發事件。而「藏心術」，則要教會你用積極主動的心態去迎接生活中的一切艱難時刻。

為什麼我們在預想未來時，總是覺得前路坎坷？為什麼我們對未知事物總是充滿恐懼？其實歸根究底，就是因為還未做好積極面對的準備。

當學會積極面對的時候，你會發現，你擁有了鎮定從容的心態。在這種心態的驅使下，將不會因為一些突發事件而顯得驚慌，無論外界有什麼樣的變化，你都不會過早暴露自己內心的負面情緒。

　　「可以確定的是，每一位探員，都是生活的勇者。」這是 FBI 首任局長胡佛說過的一句話。

　　在胡佛十一歲的時候，小胡佛做了一件出人意料的事情。一家人吃過晚飯後，小胡佛跑到自己的房間，拿出一張自製的報紙，發給全家人。

　　這張自製報紙的內容是小胡佛自己收集的他認為重要的新聞情報，當時他向家裡人宣布：「我的每份報紙收取一美分的報酬，你們都要訂閱。」對於孩子的這個舉動，胡佛的家人都十分支持，他的媽媽說：「好的，我喜歡我們的小情報員收集的這些情報。」

　　小胡佛之所以這麼做，是因為他喜歡收集情報。雖然當時的他可能還不知道自己將成為世界上最大情報組織的掌門人，但是他依舊積極主動的為自己爭取每一次「收集情報」的機會。

　　胡佛掌管 FBI 之後，這個「過分積極」的局長成了所有 FBI 探員的噩夢。他規定探員必須實行「強制性自願加班」政策。

　　在胡佛的手下，探員被迫早晨七點就要上班，比一般的工作時間提前了兩小時。這是一個常態化的規定，更是雷打不動的規矩。如果遇上工作需要，甚至要在凌晨二點的時候從溫暖的被窩裡鑽出來去逮人，或者加班到清晨。

　　當時有些探員為了消磨時間，就到附近的咖啡廳。那段時間，挨著 FBI 辦公地點的咖啡館生意出奇的好。

　　胡佛知道情況之後，十分生氣。星期五這天，胡佛叫來自己手下的一個探員，對他說：「今天你到咖啡廳去，只做一件事情，就是把在那裡喝咖啡的探員的名字給我記下來。」

　　這個探員就照胡佛說的去辦了。當他把這份名單交給胡佛的時候，胡佛心滿意足地笑了。然後，這些人相繼被各種各樣的藉

口踢出門外。胡佛常說：「我對那些無所事事的人非常不理解，因為我總覺得我們每個人都有做不完的事情。」

　　正因胡佛的積極主動，FBI 逐漸成為世界上最有效率的情報部門之一。

　　胡佛的故事告訴我們一個道理，只有積極主動，才能將事情做得更好。這個道理，在藏心術中同樣適用。

　　在你需要隱藏自己的內心時，積極與消極是成敗與否的關鍵。你有沒有信心去戰勝自己內心的負面情緒，是你能否藏心的關鍵。

　　當你的上司不相信你的能力，你應該積極的證明自己，而不是整日愁眉緊鎖，讓人一眼就看穿你心中的不滿和壓抑；你和你的同事相處得不好，你應該積極地去嘗試與他溝通，而不是避得遠遠的，讓人家明顯感覺你心中的疏遠……

　　退讓只能暫時逃避問題，並不能從根本上解決問題，出了這個圈子有可能會遇上更麻煩的問題。要想讓自己變得更強大、更鎮定，請學會積極面對。

別讓人一眼看穿你：讀心與藏心的攻防智慧

作　　者	Fletcher Boo
發 行 人	林敬彬
主　　編	楊安瑜
副 主 編	黃谷光
編　　輯	王艾維、林子揚
內頁編排	王艾維
封面設計	何郁芬（小痕跡設計）
編輯協力	陳于雯、高家宏

出　　版	大都會文化事業有限公司
發　　行	大都會文化事業有限公司
	11051 台北市信義區基隆路一段 432 號 4 樓之 9
	讀者服務專線：（02）27235216
	讀者服務傳真：（02）27235220
	電子郵件信箱：metro@ms21.hinet.net
	網　　址：www.metrobook.com.tw

郵政劃撥	14050529　大都會文化事業有限公司
出版日期	2016 年 01 月初版一刷・2021 年 12 月初版十八刷
	2022 年 12 月二版一刷
定　　價	350 元
I S B N	978-626-96669-3-5
書　　號	Success-098

2016 Hantao International Culture Co., Ltd.
Chinese (complex) copyright © 2016 by Metropolitan Culture Enterprise Co., Ltd.
Published by arrangement with Hantao International Culture Co., Ltd.
◎本書如有缺頁、破損、裝訂錯誤，請寄回本公司更換。

版權所有　・　翻印必究

Printed in Taiwan. All rights reserved.

國家圖書館出版品預行編目 (CIP) 資料

別讓人一眼看穿你：讀心與藏心的攻防智慧 /
Fletcher Boo 著 .
-- 二版 . -- 臺北市：大都會文化，2022.12
256 面；14.8×21 公分
ISBN 978-626-96669-3-5（平裝）

1. 個性 2. 行為心理學 3. 讀心術

173.7　　　　　　　　　　111018825

大都會文化　讀者服務卡

書名：**別讓人一眼看穿你：讀心與藏心的攻防智慧**

謝謝您選擇了這本書！期待您的支持與建議，讓我們能有更多聯繫與互動的機會。

A. 您在何時購得本書：_____年_____月_____日

B. 您在何處購得本書：_____書店，位於_____(市、縣)

C. 您從哪裡得知本書的消息：

　1.□書店　2.□報章雜誌　3.□電台活動　4.□網路資訊

　5.□書籤宣傳品等　6.□親友介紹　7.□書評　8.□其他

D. 您購買本書的動機：（可複選）

　1.□對主題或內容感興趣　2.□工作需要　3.□生活需要

　4.□自我進修　5.□內容為流行熱門話題　6.□其他

E. 您最喜歡本書的：（可複選）

　1.□內容題材　2.□字體大小　3.□翻譯文筆　4.□封面　5.□編排方式　6.□其他

F. 您認為本書的封面：1.□非常出色　2.□普通　3.□毫不起眼　4.□其他

G. 您認為本書的編排：1.□非常出色　2.□普通　3.□毫不起眼　4.□其他

H. 您通常以哪些方式購書：(可複選)

　1.□逛書店　2.□書展　3.□劃撥郵購　4.□團體訂購　5.□網路購書　6.□其他

I. 您希望我們出版哪類書籍：（可複選）

　1.□旅遊　2.□流行文化　3.□生活休閒　4.□美容保養　5.□散文小品

　6.□科學新知　7.□藝術音樂　8.□致富理財　9.□工商企管　10.□科幻推理

　11.□史地類　12.□勵志傳記　13.□電影小說　14.□語言學習（_____語）

　15.□幽默諧趣　16.□其他

J. 您對本書（系）的建議：

K. 您對本出版社的建議：

讀者小檔案

姓名：_____　性別：□男 □女　生日：____年____月____日

年齡：□20歲以下 □21～30歲 □31～40歲 □41～50歲 □51歲以上

職業：1.□學生 2.□軍公教 3.□大眾傳播 4.□服務業 5.□金融業 6.□製造業

　　　7.□資訊業 8.□自由業 9.□家管 10.□退休 11.□其他

學歷：□國小或以下 □國中 □高中／高職 □大學／大專 □研究所以上

通訊地址：_____

電話：（H）_____（O）_____　傳真：_____

行動電話：_____　E-Mail：_____

◎謝謝您購買本書，歡迎您上大都會文化網站 （www.metrobook.com.tw）登錄會員，或至Facebook（www.facebook.com/metrobook2）為我們按個讚，您將不定期收到最新的圖書訊息與電子報。

別讓人一眼看穿你

讀心與藏心的攻防智慧

北 區 郵 政 管 理 局
登記證北台字第9125號
免　貼　郵　票

大 都 會 文 化 事 業 有 限 公 司
讀 者 服 務 部　　　　　收

11051台北市基隆路一段432號4樓之9

寄回這張服務卡〔免貼郵票〕
您可以：
◎不定期收到最新出版訊息
◎參加各項回饋優惠活動

郵　政　劃　撥　儲　金　存　款　單

收款帳號
1 4 0 5 0 5 2 9

金額（小寫）
新台幣

億仟萬佰萬拾萬萬仟佰拾元

收款戶名
大都會文化事業有限公司

寄款人 □他人存款 □本戶存款

我要購買以下書籍

書　名	單　價	數　量	合　計

購書金額未滿 1,000 元，另加收 100 元國內掛號郵資或貨運專送運費。總計數量及金額：共 ＿＿＿＿ 本，合計 ＿＿＿＿＿ 元

通訊欄（限與本次存款有關事項）

姓名

地址 □□□□—□□

電話

主管：

經辦局收款戳

應線內備供機器印錄用請勿填寫

郵　政　劃　撥　儲　金　存　款　收　據

◎寄款人請注意背面說明
◎本收據由電腦印錄請勿填寫

收款帳號戶名

存款金額

電腦紀錄

經辦局收款戳

郵政劃撥儲存款收據
注意事項

一、本收據請妥為保管，以便日後查考。

二、如欲查詢存款入帳詳情時，請檢附本收據及已填妥之查詢函向任一郵局辦理。

三、本收據各項金額、數字係機器列印或經塗改或無收款郵局收訖章者無效。

大都會文化、大旗出版社讀者請注意

一、帳號、戶名及寄款人姓名地址各欄請詳細填明，以免誤寄；抵付票據之存款，務請於交換前一天存入。

二、本存款金額之幣別為新台幣，每筆存款至少須在新台幣十五元以上，且限填至元位為止。

三、倘金額塗改時請更換存款單重新填寫。

四、本存款單備供電腦影像處理，請以正楷工整書寫並請勿摺疊。帳戶如需自印存款單填製之存款單，各欄文字及規格必須與本單完全相符；如有不符，各局應婉請寄款人更換郵局印製之存款單填寫，以利處理。

五、本存款金額業經電腦登帳後，不得申請撤回。

六、本存款單帳號與金額欄請以阿拉伯數字書寫。

七、本存款單金額欄請以阿拉伯數字書寫。

八、帳戶本人在「付款局」所在直轄市或縣(市)以外之行政區域存款，需由帳戶內扣收手續費。

如果您在存款上有任何問題，歡迎您來電洽詢
讀者服務專線：(02)2723-5216(代表線)
為您服務時間：09：00～18：00(週一至週五)
大都會文化事業有限公司　讀者服務部

交易代號：0501、0502 現金存款　0503票據存款　2212 劃撥票據託收